«Mi apreciado hermano Sam Rodr[...] escribe convincentemente y dirige b[...] charlo hablar ante miles de personas, hasta sentarme con [...] para comer y conversar de-hombre-a-hombre, he llegado a conocer a Sam como alguien que es sincero en su vida y arraigado en sus convicciones. En nuestro mundo polarizado, Sam no busca un punto intermedio sino uno más alto; uno que apunta a otros a Jesús».

Barry H. Corey, presidente, Biola University; autor, *Make the Most of It: A Guide to Loving Your College Years*

«Samuel nos ilustra de manera colorida que cuando infundimos los "anticuerpos ungidos" del Espíritu contra la infección del pecado y el fracaso, llegamos a estar totalmente "capacitados para vencer, derrotar, conquistar y triunfar sobre el enemigo". Es un libro profundo y oportuno que sin duda te ayudará a perseverar con poder».

Matthew Crouch, presidente, TBN (Trinity Broadcasting Network)

«*Persevera con poder* nos insta a estudiar las vidas de los héroes bíblicos del pasado para que podamos entender mejor nuestro presente y caminar con audacia hacia nuestro futuro. Si te estás preguntando cómo avanzar cuando se siente como si la vida se ha paralizado, entonces este libro es para ti».

Dr. Tony Evans, pastor principal, Oak Cliff Bible Fellowship, Dallas, Texas; fundador, The Urban Alternative; autor de éxito

«En un tiempo en que el mundo está en crisis, *Persevera con poder* es el estímulo que todos necesitamos. Es real y muy franco en su discusión acerca del sufrimiento, pero también nos inspira a alzar nuestros ojos hacia los montes y recordar de dónde viene nuestra ayuda».

Jentezen Franklin, pastor principal, Free Chapel;
autor de éxito del *New York Times*

«Samuel Rodriguez arroja luz sobre dos profetas del Antiguo Testamento a quienes Dios usó y bendijo porque fueron obedientes al llamado de Dios en medio de una sociedad corrupta. Los lectores quedarán cautivados al aprender lo que Dios puede hacer a través de las personas que fielmente toman el manto de la dirección de Dios y perseveran con poder».

Franklin Graham; presidente y director ejecutivo,
Asociación Evangelística Billy Graham y Samaritan's Purse

«*En Persevera con poder*, mi buen amigo el reverendo Rodriguez proporciona un modelo para obtener la victoria que debería inspirarnos a todos. Aunque nos encontramos en tiempos desafiantes y desesperantes, él demuestra por medio de este libro que no nos hemos quedado sin esperanza. Este libro es lectura obligada para toda persona que necesita un recordatorio de que no estamos peleando *por* la victoria; estamos peleando *desde* la victoria».

Pastora Nona Jones, directora de asociaciones cristianas en
Facebook; autora de los libros de éxito, *Success from the
Inside Out* y *From Social Media to Social Ministry*

«Elías y Eliseo fueron la respuesta de Dios al liderazgo perverso durante el reinado de Acab y Jezabel. Estos dos hombres figuraron entre los profetas de mayor influencia en Israel. Sus intervenciones sobrenaturales en la historia nacional —y los poderosos milagros obrados por el poder de Dios a través de ellos— nos hacen recordar que el manto puesto sobre ellos puede ser nuestro también. En *Persevera con poder*, el pastor Samuel Rodriguez desafía a sus lectores a perseguir y aprovechar el poder del Espíritu Santo que se da gratuitamente a todo hijo del Dios vivo. En este libro sumamente interesante y provocador, aprenderás cómo acceder a un nivel más profundo de fe con valentía y compromiso, y perseverar con el poder del Espíritu».

Marcus D. Lamb; fundador y presidente,
Daystar Television Network

«Es muy estimulante leer un escrito por alguien tan apasionado como Samuel Rodriguez, sobre un tema que él conoce bien. Si te sientes desesperanzado, exhausto o sobrecargado, después de leer *Persevera con poder* te sentirás refrescado y equipado para enfrentar cualquier cosa que el enemigo te arroje. Cuando estás con Cristo, ¡estás en el lado ganador!».

Greg Laurie, pastor principal, Harvest Christian Fellowship

«La travesía que he estado experimentando con cáncer, más el cierre causado por COVID-19, han sido serios desafíos para mi ímpetu en el servicio. Gracias, Samuel Rodriguez, por tus percepciones fascinantes acerca de Elías y Eliseo, así como la riqueza de tu enseñanza, que me han animado a perseverar con poder. Este es un libro que volveré a leer y compartiré con otros».

Anne Graham Lotz, autora, *Jesús en mí*

«Mi buen amigo Samuel Rodriguez nos dice cómo podemos levantarnos y ser una luz en tiempos oscuros. En *Persevera con poder*, Samuel nos desafía a abrazar el poder profético que tenemos disponible cuando confiamos en Dios. Por medio de las historias de Elías y Eliseo —dos hombres que se pararon en contra del liderazgo perverso de su tiempo—, él nos inspira a avanzar en fe. No solo puedes sobrevivir en estos tiempos, ¡sino también puedes recibir una doble porción de la unción de Dios! Tienes el poder para vencer este mundo y dejar un legado para las futuras generaciones».

Robert Morris, pastor principal, Gateway Church; autor de los libros de éxito, *Una vida de bendición*, *Más allá de toda bendición*, y *Take the Day Off* (inglés)

«*Persevera con poder* es un libro que no puedes dejar de leer. Me encanta todo lo que el Pastor Samuel escribe. Este libro producirá tanto poder en ti. La vida sucede; es complicada y difícil en ocasiones. ¡Pero tenemos el poder dentro de nosotros para perseverar hasta llegar a lo grandioso! Soy una persona cambiada gracias a las experiencias que Dios me ha confiado. ¡Este libro te guiará a la victoria!».

Real Talk Kim; pastora principal, Limitless Church

«¡Poderoso! Un recurso útil para cada temporada de arar en tu vida. Este es un libro para las personas que desean el manto y están dispuestas a empujar el arado».

Rosie Rivera, directora ejecutiva, Jenni Rivera Enterprises; autora y evangelista

«Mi amigo Samuel Rodriguez nunca deja de inspirar. A través de estas páginas, él nos anima a "seguir empujando nuestros arados", confiando que Dios puede derribar todos los muros que estén impidiendo nuestro progreso. Los ejemplos bíblicos de Elías y Eliseo, entretejidos por todo el libro, son poderosos. Que todos tengamos hambre por una doble porción del Espíritu, poder y unción como Eliseo deseaba; y como Elías, que busquemos pasar el manto a la próxima generación».

James Robison, fundador y presidente; LIFE Outreach
International, Fort Worth, Texas

«Cuando rendimos nuestros propios planes y propósitos a los de Dios, los milagros suceden. Sé que esto es cierto porque mi vida ha sido radicalmente transformada por el poder de Jesucristo. Nadie está más allá de la redención y la restauración: ese es el mensaje del corazón de *Persevera con poder*».

Darryl Strawberry, evangelista; cofundador, Strawberry
Ministries; cuatro veces campeón de la Serie Mundial; autor
de éxito del *New York Times*

PERSEVERA
CON
PODER

SI EL CIELO LO INICIA,
EL INFIERNO NO LO PUEDE PARAR

SAMUEL RODRIGUEZ

Chosen
a division of Baker Publishing Group
Minneapolis, Minnesota

Publicado por Chosen Books
11400 Hampshire Avenue South
Bloomington, Minnesota 55438
www.chosenbooks.com

Chosen Books es una división de
Baker Publishing Group, Grand Rapids, Michigan

Printed in the United States of America
Impreso en Estados Unidos de América

Originalmente publicado en inglés con el título:
Persevere with Power

Library of Congress Cataloging-in-Publication Data

Names: Rodriguez, Samuel, author.
Title: Persevera con poder : si el cielo lo inicia, el infierno no lo puede parar / Samuel Rodriguez.
Other titles: Persevere with power. Spanish
Description: Minneapolis, Minnesota : Chosen, a division of Baker Publishing Group, 2021.
\Translation of: Persevere with power.
Identifiers: LCCN 2021027124 | ISBN 9780800762056 (trade paperback) | ISBN 9781493433650 (ebook) | ISBN 9780800762469 (casebound)
Subjects: LCSH: Perseverance (Theology) | Power (Theology) | Elisha (Biblical prophet)
Classification: LCC BT768 .R6318 2021 | DDC 243—dc23

A menos que se indique de otra manera, el texto bíblico ha sido tomado de La Santa Biblia, Nueva Versión Internacional® NVI® © 1999 por Biblica, Inc.® Usado con permiso.

El texto bíblico indicado con (NBLA) ha sido tomado de la Nueva Biblia de las Américas, Copyright © 2005 por The Lockman Foundation. Usado con permiso. www.NuevaBiblia.com.

El texto bíblico indicado con (NTV) ha sido tomado de la Santa Biblia, Nueva Traducción Viviente, © Tyndale House Foundation, 2010. Usado con permiso.

El texto bíblico indicado con (RVC) ha sido tomado de la versión Reina Valera Contemporánea Copyright © 2009, 2011 por Sociedades Bíblicas Unidas.

El texto bíblico indicado con (RVR1960) ha sido tomado de la versión Reina-Valera © 1960 Sociedades Bíblicas en América Latina; © renovado 1988 Sociedades Bíblicas Unidas. Utilizado con permiso.

Diseño de cubierta por Darren Welch Design

Traducción al español por Carol Martínez

21 22 23 24 25 26 27   7 6 5 4 3 2 1

Dedico este libro a mi mejor amigo,
mi compañero de básquetbol, orgullo y gozo,
mi «Eliseo» personal,
mi hijo, Nathan Samuel.

Tu padre te ama más allá de las palabras.
Estoy extremadamente orgulloso de ti.
Gracias por ser una mejor versión de mí
al ser quién te hizo Dios que fueras.
Ahora ve, ¡cambia el mundo!

CONTENIDO

PRÓLOGO

A todos nos encantan las grandes historias. Ya sea que las veamos en la pantalla grande o en nuestros televisores, las leamos en novelas y biografías, o las escuchemos mientras estamos sentados en la mesa con nuestra familia, anticipamos los giros en las tramas, les echamos porras a los héroes, nos oponemos a los villanos, y nos emocionamos mucho con los finales sorpresa. En las más grandes historias de aventura, un héroe valiente siempre sale adelante aun en medio de los desafíos más difíciles. Mi amigo el pastor Sam es uno de los mejores relatadores de historias que conozco, y ha sido una bendición para nosotros trabajar juntos produciendo películas de gran éxito de Hollywood como *Breakthrough* («*Un amor inquebrantable*» en español). Con este libro, *Persevera con poder*, veo todos los elementos de una historia verídica emocionante. El héroe, sin embargo, no somos ni tú ni yo, es Jesús. Él es el que enfrenta a adversarios venenosos y rescata a los indefensos (nosotros) del desastre. Él es el protagonista en el drama, pero a ti y a mí nos toca desempeñar papeles importantes secundarios.

El pastor Sam nos apunta a las historias más apasionantes de la Biblia. Página tras página, nos muestra cómo hombres y mujeres de Dios enfrentaron obstáculos y triunfos, angustias y desamores. En ocasiones flaquearon, retrocedieron o aun fracasaron, pero eventualmente se aferraron a confiar en que Dios haría lo que solo Él puede hacer: cumplir cuando nos rendimos. En Su Palabra, Dios no elimina las partes más incómodas de la historia: todo está incluido. Y tampoco intentó esconder las crudas realidades de la lucha. Allí están, entretejidas en una narrativa que nos lleva de la creación a la caída en el pecado y luego hasta la magnífica saga de la redención a través de Cristo. ¡Y a través de Cristo se nos recuerda que nuestra historia tiene un poderoso final!

Este libro nos quita todas las vendas que pudiéramos usar porque le tememos a la verdad. Cuando vemos las cosas como son, nos damos cuenta de las capas de la realidad: física, relacional, cultural, emocional y espiritual. Estamos en una batalla, pero no es solo contra cosas que podemos ver. Nuestra batalla real es contra las cosas que no podemos ver. Vemos tragedias personales, calamidades familiares, amenazas culturales, atrasos económicos y división política, pero detrás de todas estas hay fuerzas espirituales de las tinieblas que tratan de desmoralizarnos y destrozar nuestra fe.

En cada capítulo, el pastor Sam nos muestra cómo podemos confiar en el sacrificio del Salvador y el poder del Espíritu para ser vencedores. En la mayor disertación teológica de Pablo, la carta a los Romanos, él cataloga una lista de las dificultades que los creyentes enfrentan —tribulación, angustia, hambre, peligro o espada—, pero ninguna de estas tiene la última palabra. Él valientemente proclama: «Pero en todas estas cosas somos más que vencedores por medio de Aquel que nos amó» (Romanos 8:37 NBLA). De eso se trata este libro: conquistar por medio de Cristo.

Persevera con poder es a la vez inspirador y práctico. El pastor Sam proporciona puntos claros de aplicación para que podamos realmente incorporar la verdad espiritual en nuestros corazones y nuestras decisiones. Y va más allá: al final de cada capítulo, encontramos preguntas penetrantes que están diseñadas para exponer nuestras necesidades y enfocar la obra de Espíritu. El pastor Sam luego termina cada capítulo con una oración que captura el corazón de fe y nuestra petición de que Dios haga milagros.

¿Ves tu vida como una historia apasionante, con giros en la trama y el héroe máximo? Las grandes historias siempre incluyen obstáculos escarpados y adversarios feroces. Estoy seguro de que los tienes: todos los tenemos. El pastor Sam nos pide que invitemos a Jesús a venir en medio de nuestro desorden, y que confiemos que Dios nos mostrará el camino para ir por encima de los obstáculos y que nos dará la fortaleza para enfrentar a nuestros enemigos. Cuando Jesús está en el centro de todo, experimentamos la hermosa mezcla del poder de Dios, Su amor y cumplimiento.

¿No es esa la clase de historia que quieres que tu vida cuente?

DeVon Franklin, productor, autor y amigo

INTRODUCCIÓN

La Biblia no es el libro de personas perfectas. La Biblia no es una categorización histórica de santos puros, sin tacha ni mancha. ¡No! Sin duda, desde Génesis hasta Apocalipsis, la Biblia es un libro de vencedores. Solo mira a algunos de los más famosos entre los fieles y lo que vencieron.

Abraham venció el engaño de otros así como sus propias mentiras.

José venció el pozo y la traición de sus propios hermanos.

Moisés venció al faraón, su propio mal carácter y pasado.

Josué venció a los amalecitas, la desobediencia de sus tropas, y el temor de quedar solo cuando su mentor murió.

Gedeón venció el campo de trillar y sus inseguridades personales.

Sansón venció su orgullo, su falta de respeto por la unción y el engaño de Dalila.

David venció a un oso, un león, un gigante, la espada de Saúl y su propia vileza moral.

Elías venció a Jezabel.

Eliseo venció la hambruna y el asedio.

Ester venció a los aborrecedores.

Daniel venció a los leones.

Los muchachos hebreos vencieron el horno caliente.

Job venció la pérdida de todo lo que tenía.

Pedro venció la maldición de su bendición.

Pablo venció el naufragio y la víbora.

Y Jesús, el Hijo de Dios y nuestro maravilloso Salvador, venció las tinieblas, la muerte y la derrota. ¡Jesús venció todo!

No importa lo que estés enfrentando ahora, puede que tu batalla todavía no ha terminado, pero ya se ha ganado. Dios nunca dejará de creer en ti y al contrario te ungirá con fuerzas para ayudarte a vencer los poderes de las tinieblas que están tratando de derrotarte.

En este libro examinaremos seriamente lo que significa perseverar con poder: caminar en la confianza de que el infierno no puede parar la unción profética que Dios ha puesto en tu vida. En otras palabras, aprenderás cómo mantener tu mano sobre el arado espiritualmente. Si estás dispuesto a hacerlo, empujar tu arado espiritualmente, entonces puedes saber que el manto de Dios de unción y poder te está esperando. Y cuando el manto de Dios descansa sobre tus hombros, ¡nada ni nadie puede pararte! Porque —según lo que aprenderemos de las luchas de dos de los más grandes profetas en la historia del mundo— cuando los Elías hablan, las Jezabeles no pueden ganar. Y cuando los Eliseos se levantan, los Acabs no pueden perdurar. Cuando tú y yo, como el pueblo de Dios, oramos para que baje el fuego, no hace ninguna diferencia qué tan empapado esté el altar: Baal no puede ganar.

No importa cuán sombrías sean tus circunstancias, el poder de Dios en ti prevalecerá. Nada está terminado hasta que Dios lo declare terminado. Así que permíteme declarar algo proféticamente: cuando los futuros creyentes escriban acerca de nuestra generación, nuestro tiempo en la historia, no dirán: «¡Esta fue la generación cuando los Elías y Eliseos —lavados en la sangre, llenos del Espíritu Santo, reprendedores del diablo, atadores de demonios, llenos de gracia y viviendo en rectitud— se levantaron!».

¡Porque los que son de Dios siempre ganan!

¿Captaste el significado de esas palabras? Seremos recordados como vencedores *¡porque los que son de Dios siempre ganan!*

El espíritu más poderoso en el planeta hoy no es el espíritu del consumismo o el espíritu de la avaricia, y tampoco es el espíritu de la influencia y afluencia. El espíritu más poderoso en la tierra *fue* y *sigue siendo*, en aquello tiempos y ahora mismo, y *siempre será*, el *Espíritu Santo del Dios todopoderoso*.

Cuando el Espíritu de Dios mora en ti, entonces nunca tendrás que volver a temer los tiempos en los que estás viviendo. Como un seguidor de Jesús que ha aceptado el regalo gratis de la salvación por medio de Su sacrificio en la cruz, tienes plena seguridad de que has «recibido al Espíritu Santo, y él vive dentro de cada uno de ustedes» (1 Juan 2:27 NTV). Posiblemente enfrentes pruebas y tribulaciones, posiblemente tengas que soportar tormentas y atrasos, pero nunca serás derrotado permanentemente. Posiblemente experimentes incomodidad, angustia y debilitamiento, pero tu gozo y paz no se acabarán.

Si tienes ese Espíritu, entonces hablarás como alguien que lo tiene.

Si tienes ese Espíritu, entonces alabarás como alguien que lo tiene.

Si tienes ese Espíritu, entonces lucharás como alguien que lo tiene.

Si tienes ese Espíritu, entonces orarás como alguien que lo tiene.

Si tienes ese Espíritu, entonces reprenderás al diablo como alguien que lo tiene.

Si tienes ese Espíritu, entonces todo acerca de tu vida está en Él y a través de Él y por Su poder.

Esta es la verdad sobre vencer las luchas que enfrentamos.

Cuando has sido lavado en la sangre del Cordero...

Cuando has sido perdonado a través de la muerte de Cristo en la cruz...

Cuando estás lleno del Espíritu Santo...

Cuando Jesús es el Señor y Salvador de tu vida...

¡Entonces *no* eres quien antes eras!

No eres una víctima eterna.

No eres el saco de golpeo del diablo.

No estás maldito.

No estás derrotado.

Cuando tienes el manto de Dios descansando sobre tus hombros, ya no dependes de tus propias habilidades. Ya no enfrentas tus propias limitaciones o las reservas y requisitos que otros tratan de imponerte. Ya no dependes de tus propias fuerzas porque comprendes que el poder ilimitado, infinito y eterno del gran YO SOY está dentro de ti. Y nunca serás el mismo.

Acompáñame para aprender cómo en Cristo, por Cristo, a través de Cristo y para Cristo, puedes vencer. *Puedes perseverar con poder.*

1

Poder profético
para tiempos patéticos

Cuando vives en el poder del Espíritu Santo, puedes atravesar cualquier circunstancia; ¡no importa cuán desafiante sea!

«Sam, voy a llevar a Yvonne a la sala de emergencias. Tiene fiebre... está luchando para respirar». La voz de mi esposa entonces se ahogó con emoción como solo puede la voz de una madre por su hija o hijo. «*Creo que tiene el virus*».

Con esa sola frase corta, mi fe repentinamente se convirtió en un huracán de categoría cinco. Nuestra hija mayor, Yvonne, madre de dos hijitos, mis nietos, se había sentido mal por varios días. Mi esposa, Eva, quien se había entrenado como enfermera de combate durante su carrera militar, había estado cuidando a Yvonne así como a sus pequeños. Si Eva creía que nuestra hija necesitaba cuidados de emergencia por los efectos potenciales de COVID-19, entonces yo sabía que su opinión estaba basada en una dolorosa realidad.

Mi hija preciosa de hecho sí salió positiva en su prueba del virus fatal y la admitieron al hospital. Nunca me he sentido más incapaz e impotente en mi vida que cuando la vi en su cama de hospital en la pantalla de mi teléfono; ni siquiera la podía ir a visitar debido a las medidas de prevención del hospital. Nuestra iglesia comenzó a orar las veinticuatro horas al día por su recuperación así como por la restauración de salud de todas las personas que estaban sufriendo por el impacto tan fatal de ese asalto sin precedente sobre la humanidad.

Seguí ministrando y sirviendo como mejor pude, si solo para volcar mi energía en algo constructivo en vez de rumiar los pensamientos oscuros que se estaban juntando al borde de mi mente como nubes de tormenta. Para combatir mis pensamientos de lo peor que podía suceder, tomé cada pensamiento cautivo y me aferré a las promesas de Dios en Su Palabra. Yo sé que Él es inherentemente bueno y que ama a Sus hijos, y sé que por el poder de Su Espíritu y la sangre de Su Hijo, Jesucristo, puedo hacer todas las cosas.

El enemigo me tentaba con recordatorios gráficos de los estragos del coronavirus. La forma en que no se comportaba según el análisis y parecía actuar de forma errática en casos individuales. Yo quería creer que el cuerpo sano de mi hija podría sostener el ataque, pero luego veía casos de otros adultos jóvenes que nunca se recuperaron. Quería creer que su sistema inmunológico agresivamente desarrollaría anticuerpos, las células invisibles de proteína que se generaban en su plasma para contrarrestar el virus invasor, pero luego me preguntaba: *¿Qué si, por alguna razón, su cuerpo no se puede defender?*

Yo quería creer que no era posible que muriera, que Dios la amaba a ella —y a mí y a mi esposa— demasiado como para permitir una pérdida tan devastadora. Pero luego pensaba de otros hombres y mujeres de Dios que conocía, en nuestra iglesia y en mi red pastoral de relaciones personales, que habían pasado por la muerte de seres queridos, incluyendo a sus hijos. Trabajé duro para sostener mi fe y permanecer fuerte para Eva e Yvonne y su propia familia tan joven.

Cuando me encontraba solo, sin embargo, las emociones brotaban del interior de mi corazón hasta que ya no podía contener mis lágrimas. Recuerdo cuando conducía desde mi casa hasta mi oficina. Iba conduciendo por la autopista y de repente me daba cuenta de que mi visión se había vuelto borrosa, casi como si lloviera sobre mi parabrisas. Las lágrimas se derramaban con tanta fuerza y rapidez, que un par de veces tuve que ir a la orilla y parar el auto, mientras sollozaba y clamaba a Dios, rogándole que obliterara el virus del cuerpo de mi hija, orando en Su Espíritu que nos diera a todos la paz sobrenatural que sobrepasa todo entendimiento.

Luego ocurrió lo impensable: Yvonne fue trasladada a la Unidad de Cuidados Intensivos porque sus pulmones estaban perdiendo capacidad. La conectaron a un ventilador y le administraron esteroides más fuertes. Su médico nos dijo que su cuerpo no estaba generando los anticuerpos adecuados para pelear contra el virus.

Aunque me había sentido impotente en los días que antecedieron ese momento, nada fue como el impacto de esas palabras. De verdad, no sabía cómo yo podría seguir adelante.

Me sentía como si hubiera entrado en una cueva profunda y oscura sin salida.

Temor a la oscuridad

Durante esos días tan oscuros cuando caminamos junto a Yvonne durante esta batalla por su vida, como mencioné, yo no era el único que estaba sufriendo. La sombra de la pandemia se extendió sobre nuestras familias, nuestros vecindarios, nuestros lugares de trabajo, nuestras comunidades y nuestras iglesias. Se sufrió la pérdida de seres queridos, negocios cerraron, carreras se interrumpieron, eventos se pospusieron, casas quedaron cerradas bajo llave, esperanzas y sueños se suspendieron. Por el resto de sus vidas, millones y millones de personas lidiarán con cambios sísmicos, luchando por reorientarse a un mundo diferente.

Incluso las personas que tuvieron la bendición durante ese tiempo de seguir con salud, mantener sus empleos, y guiar a sus familias por la valle de la sombra de la muerte todavía me dicen hasta el día de hoy cómo batallan. Algunos se sienten traumatizados por la posibilidad de que lo inimaginable vuelva a trastornar sus vidas. Otros luchan con un gran pesar crónico y ambiguo porque vieron tanto sufrimiento en su derredor.

No importa la edad o la etapa de la vida en la cual nos encontremos, la oscuridad inevitablemente desciende. Cuando estamos en ella, todo parece ser desconocido e incierto. Seguimos adelante como podamos, a veces temerosos de encender siquiera un destello de esperanza porque algo podría suceder para apagar esa pequeña chispa de luz. Tratamos de confiar en Dios y depender de Él para llevarnos adelante y guiar nuestros pasos. Tratamos de ejercer fe y no permitir que el temor, el enojo, el pesar y la duda nos consuman.

Y si podemos emerger de esa oscuridad, seguimos luchando. Cuando la oscuridad se ha disipado, muchos de nosotros nos resistimos a reconocer que siquiera existe. Simplemente es demasiado doloroso y provoca demasiadas memorias abrumadoras del pasado. ¿Por qué considerar algo desagradable, razonamos, cuando nuestras vidas van lo suficientemente bien y todo pinta dentro de las líneas de nuestras expectativas? Una vez que hayamos experimentado la fragilidad de la vida y la forma en que casi cada aspecto de nuestra vida puede cambiar, literalmente, de la noche a la mañana, entonces tenemos un sótano totalmente nuevo para los peores escenarios que atormentan nuestras imaginaciones.

De cualquier manera, y sin importar nuestras circunstancias, frecuentemente terminamos temerosos de la oscuridad, temerosos de enfrentar lo que pueda estar allí.

Cuando lo peor sucede

Por más que yo quisiera ser inmune a las pruebas y las tribulaciones, estoy aquí contigo, igual que todos los que tratamos de mantener la fe y recibir cada día como venga. Aunque de muchas maneras mi fe es más fuerte que nunca, también sé cómo es experimentar que lo inimaginable se vuelva realidad. Lo único que se requiere, en verdad, es ese momento, ese texto, ese correo electrónico, esa llamada telefónica.

Es más, si eres como yo, probablemente sientes la tentación de sentirte abrumado por los tiempos en los que vivimos. La división política y el distanciamiento social; los disturbios civiles y el racismo sistémico; la moralidad en quiebra y la promiscuidad cultural. Todos nosotros podríamos formular nuestras listas largas de lo que provoca la tensión en nuestras vidas ahora.

El saldo de tal estrés continuo e implacable lleva a la ansiedad crónica, la depresión y la fatiga. ¿En quién podemos confiar que nos dirá la verdad en medio de tanto sensacionalismo, las intrigas de las redes sociales, y las noticias falsas? Verdaderamente vivimos en tiempos sin precedente, y el peso acumulado de tanto dolor, pesar, enojo y negatividad puede destruir nuestras vidas y desmoronar nuestra relación con Dios... si lo permitimos.

Pero siempre tenemos una opción, y nuestras opciones en este momento son claros: podemos ceder a nuestras emociones en medio de las circunstancias abrumadoras y tumultuosas, o podemos vivir por fe a través del poder del Dios vivo. A pesar de mis luchas y momentos de duda, creo que la única elección para seguir adelante es por fe. Creo que la única fuente de verdad en la que podemos confiar —más que cualquier otra— es la Palabra de Dios. Y cuando busco las Escrituras para que alumbre el camino en esta presente oscuridad, acudo al ejemplo que encuentro allí en dos héroes de la fe.

De hecho, el génesis de este libro fue mi búsqueda por un precedente bíblico para la esperanza en medio de los tiempos más oscuros. Yo quería ver si las Escrituras proveían un ejemplo que pudiera servir como un modelo para estos días tan angustiosos en los cuales estamos viviendo. Y si tal era el caso, quería ver la evidencia de la promesa de Dios de responder a Su pueblo con un derramamiento de poder profético. Muchas preguntas se formaron en mi mente: esas personas, ¿cómo mantenían viva su esperanza, su fe intacta, cuando todo en su derredor era oscuridad? ¿Qué comprensión tenían que les daba la fortaleza y les ayudaba a salir de sus valles? ¿Está disponible para nosotros en igual medida? ¿Cómo la accedemos?

Aunque llegué a pensar en muchas posibilidades, me sentí guiado a contar la historia de la relación entre dos profetas del Antiguo Testamento, Elías y su sucesor, Eliseo. Siempre me he visto inspirado por la diligencia, dedicación y devoción que demostraron en sus vidas durante uno de los períodos históricos más oscuros de Israel. Ellos vivieron durante uno de los tiempos históricos más corruptos, violentos e inmorales que han existido y, sin embargo, permanecieron fieles a

Dios y experimentaron Su fidelidad, poder y provisión frente a probabilidades imposibles.

Una pareja formada en el infierno

Veamos brevemente el mundo en el cual Elías y Eliseo vivieron. Cuando Acab ascendió al trono, más de un siglo había transcurrido desde que el rey David había reinado sobre Israel, y la nación del pueblo escogido de Dios se había dividido en dos fragmentos más débiles. Los descendientes de David siguieron gobernando el Reino del Sur de Judá, mientras que el Reino del Norte de Israel perduró a lo largo de una plaga de reyes tóxicos uno tras otro, culminando en la persona de Acab. Entre una lista de líderes notorios, nefarios y sin nada de bueno, nos revela algo el hecho de que se nos presenta a Acab como el peor rey hasta entonces: «Sin embargo, Acab, hijo de Omri, hizo lo malo a los ojos del Señor, peor aún que todos los reyes anteriores» (1 Reyes 16:30 ntv).

Esta es la primera instancia en que se menciona el nombre de Acab en las Escrituras. ¡Y qué primera impresión! Inmediatamente se nos dice que fue más rebelde, degenerado y malo que cualquiera de sus predecesores. Y definitivamente fue fiel a su reputación en cuanto a la esposa que escogió: «Y como si fuera poco haber seguido el ejemplo pecaminoso de Jeroboam, se casó con Jezabel, hija del rey Et-baal, de los sidonios, y comenzó a inclinarse y a rendir culto a Baal» (1 Reyes16:31 ntv).

Básicamente, Acab escogió a su reina por conveniencia política, pero dado el hecho de que se menciona a su padre por nombre, un nombre que lo identifica como un sacerdote del falso dios Baal, es claro que Jezabel y Acab eran una pareja formada en el infierno, siendo que Acab también era idólatra. Ella venía de una familia y cultura que adoraba a los ídolos y escuchaba a los falsos profetas. Resulta que Jezabel pudo haber sido peor que su esposo perverso.

Ella odiaba a los profetas.

Perseguía a los predicadores.

Rechazaba la verdad.

De hecho, si puedes recordar, después de que Elías mostrara el poder de Dios en la confrontación en el Monte Carmelo en contra de cientos de los falsos profetas de Jezabel, lo cual los llevó a la muerte, Jezabel en respuesta amenazó al profeta escogido del Señor con la muerte.

Consecuentemente, Elías tuvo miedo y huyó. Como verás, él tuvo que empujar el arado metafórico antes de que pudiera seguir con su ministerio con el manto que Dios le había puesto.

Elías era un hombre con un manto.

Un hombre con un mensaje.

Un hombre con una misión.

Luego, después de perseverar en sus propias pruebas preci-pitadas por Acab y Jezabel, Elías fue en busca de la persona a quien Dios había ungido para que se uniera a él en una misión, un hombre llamado Eliseo.

La esencia de su mensaje emerge vívidamente en la primera reunión entre nuestros dos profetas:

Entonces Elías fue y encontró a Eliseo, hijo de Safat, arando un campo. Había doce pares de bueyes en el campo, y Eliseo araba con el último par. Elías se acercó a él, le echó su manto sobre los hombros y siguió caminando.

1 Reyes 19:19 NTV

Lee ese pasaje clave otra vez: cuando llegó el profeta mayor y vio al hombre más joven empujar el arado, abriendo el suelo

28

y sembrando semillas en fiel servicio a Dios, Elías colocó su manto sobre Eliseo y luego siguió caminando. El manto cambió la vida de Eliseo y cambió la trayectoria de una nación.

Uno que subsecuentemente llegó a representar la noción de una porción mayor.

El arado de Eliseo lo preparó para llevar puesto el manto de Dios y ejercer el poder y la responsabilidad que venía con él. Esta misma secuencia de causa-y-efecto de crecimiento espiritual y poder santo ilimitado sigue funcionando hoy. Cuando fielmente desempeñamos los papeles y responsabilidades, los deberes y las directivas que Dios nos ha asignado, entonces Él nos da más —más poder, más provisión, más pasión— para enfrentar los próximos desafíos que se nos ha llamado a enfrentar.

No importa qué tan oscura sea la noche, la mañana de Dios siempre llega.

No importa qué tan abatidos nos sintamos, la presencia de Dios siempre está con nosotros.

No importa qué tan desesperadas sean nuestras circunstancias, el poder de Dios siempre prevalece.

Los tiempos difíciles posiblemente nos dejen en la oscuridad, pero nunca nos pueden separar de la Luz.

Esta presente oscuridad

Estoy convencido y tengo la convicción de que 1 Reyes 18 y 19 tienen un mensaje relevante para la hora en la que vivimos actualmente. Nuestro mundo, en términos espirituales, tiene una semejanza notable a los tiempos del Rey Acab y la Reina Jezabel, los líderes que no solo sirvieron como antagonistas para Elías y Eliseo, sino quienes también representan la antítesis de todo lo santo. En palabras sencillas, Acab fue un rey horrible y un hombre muy malo. Y su esposa fue aun peor: ¡la maldad en esteroides!

En términos espirituales, Acab representa las fuerzas que nos tientan y nos incitan a sacrificar la verdad sobre el altar de la conveniencia. Estas fuerzas nos tratan de decir qué creer y cómo actuar, forzándonos a conformarnos a sus propias agendas idólatras en vez de obedecer la Palabra de Dios. Son líderes políticos que hacen todo lo que sea ventajoso para su propio poder y ganancia, fingiendo que les interesan los ciudadanos a quienes representan; pero su intención es explotarlos. Son las celebridades de las redes sociales y los íconos de la moda, quienes seducen a sus seguidores para que los imiten sin ningún límite en su lenguaje, comportamiento y moralidad. Son los ejecutivos corporativos y magnates de los medios de comunicación, totalmente impulsados por la avaricia y que adoran a mamón en vez de la verdad del Dios vivo.

Concurrente con la obliteración de la verdad bíblica en nuestra cultura, Jezabel representa el espíritu manipulador, sexualmente coercitivo, perverso y corrupto, decidido a matar lo que es bueno, envenenar la inocencia y callar las voces proféticas. Las Jezabeles actuales quieren construir templos falsos y legitimar a instituciones fraudulentas que marginalizan a los oráculos nobles y piadosos de la rectitud y la justicia. Son los entretenedores que ofrecen su autoridad de autoexaltación y los anunciadores que venden el autoengaño y la vanidad. Levantan sus postes de Asera, o algún otro dispensador de ruido nocivo, y tratan de ahogar los gemidos de los perseguidos, los empobrecidos y los heridos.

En el siglo veintiuno, en los Estados Unidos y en derredor del mundo, no podemos negar que el espíritu de Jezabel está vivo y sano, prosperando insaciablemente entre nosotros donde antes se veía obligada a esconderse. En vez de seducciones secretas y corrupciones individuales, ahora vemos a líderes y organizaciones completas persiguiendo, enjuiciando e intentando silenciar a los hijos de la cruz. El espíritu de Acab está vivo y sano, robando el amor, matando el gozo y destruyendo la paz. El espíritu de Baal está vivo y coleando, demandando que la verdad y los niños dentro y fuera del vientre sean sacrificados sobre el altar de la autonomía autodefinida.

La palabra que uso con más frecuencia para describir tiempos tan oscuros y desesperados es *patéticos*. Me gusta la manera en que sus dos definiciones se aplican aquí: significa «algo miserable» así como «algo inútil y despreciable». Derivada de la palabra griega *pathos*, que significa «sufrir» o «sentir», *patético* probablemente se introdujo a nuestro idioma en el decimosexto siglo y se refería a algo que evocaba lástima, casi llegando al compadecimiento. Aunque esta clase de *compadecimiento* nos permite reconocer la pérdida y tragedia en las vidas de otros y sentir el peso de su dolor, *lástima*, por el otro lado, lleva el sentido de reconocer el dolor sin valorarlo. Sí, lástima a veces se usa como sinónimo de compadecimiento o misericordia, pero por lo general, *lástima* evoca sus raíces patéticas.

Pero aquí están las buenas noticias en el corazón del Evangelio: *Los tiempos patéticos duran por un tiempo, ¡pero el poder profético de Dios siempre triunfa!*

Anticuerpos ungidos

Vi esta verdad ilustrada de primera mano en la recuperación de mi hija. Cuando el cuerpo de Yvonne no pudo producir suficientes anticuerpos por su propia cuenta para combatir la infección viral, sus médicos reconocieron que su mejor oportunidad para recuperarse era usar el poder tomado de otro recurso. En este caso, dicho tratamiento significaba inyectar en su cuerpo la plasma y los anticuerpos de otra persona, alguien que tenía su mismo tipo de sangre y que había contraído el coronavirus y se había recuperado. La esperanza de sus médicos era que su cuerpo circulara los nuevos anticuerpos y tal vez estimulara la creación de más de sus propios anticuerpos, ofreciendo así un ataque doble de anticuerpos contra el virus.

Había riesgos, por supuesto, pero era el mejor tratamiento disponible, el que tenía la mayor posibilidad de tener éxito. Después de dos semanas en el hospital, con mucho de ese tiempo en la Unidad de Cuidados Intensivos, Yvonne comenzó a recuperarse. Los sistemas de su cuerpo comenzaron a funcionar normalmente, sobre todo su sistema respiratorio, y sus síntomas comenzaron a disiparse. Inyectar los anticuerpos de otro paciente que ya se había recuperado resultó ser exitoso. Su cuerpo ahora tenía los anticuerpos que necesitaba. Dentro de unas cuantas horas de este tratamiento, ella comenzó a experimentar una recuperación completa y muy pronto la dieron de alta del hospital.

Después de llorar de gozo y orar con alabanza y gratitud al Gran Médico, reflexioné acerca del simbolismo del tratamiento de mi hija. Entre más consideraba todo lo que había aprendido acerca de la manera en que los virus atacan al cuerpo humano, más similitudes vi en el asalto del mal en nuestra salud espiritual. Presentaba una ilustración singular, en términos metafóricos y espirituales, de lo que ocurre cuando un virus espiritual logra incursionar en nuestras almas, nuestros corazones, nuestra fe, nuestras familias y nuestras comunidades. Un virus es una entidad infecciosa microscópica, una sustancia extraña que busca células vivas con el propósito de replicarse. En otras palabras, no le corresponde estar donde aterriza de la misma manera que no les corresponde a las tinieblas estar en nuestras almas. El mal siempre busca matar y destruir. El enemigo, como un virus, persiste en tentarnos con la derrota hasta que nos volvamos más débiles y vulnerables.

En el peor caso, nos damos por vencidos y permitimos que el pecado entre a nuestras vidas, lo cual afecta cada área, cada decisión, cada relación personal.

Existe un antídoto, sin embargo. La esperanza —una creencia firme en la bondad de Dios— contraataca las tinieblas con poderosos anticuerpos. Los anticuerpos reconocen sustancias extrañas como la bacteria y los virus, y los neutralizan. También permanecen vigilantes para proveer protección contra futuros riesgos o contagios.

En otras palabras, porque sobreviviste, ahora eres más fuerte.

¿Ves la conexión espiritual?

Piensa de las muchas personas en las Escrituras que fueron infectadas por el mal, cayeron en pecado y fueron arrastradas. Aquí es donde es crucial que entendamos la historia de Eliseo y Elías si vamos a sobrevivir individualmente y como pueblo de Dios. Las tinieblas, si no se controlan, nos sacarán de nuestro marcha hacia delante de nuestra fe, y nos lanzarán en las garras del temor y la derrota.

Pero cada vez que nos levantamos y ganamos la guerra en contra de las tinieblas, entonces quedamos capacitados para vencer, derrotar, conquistar y triunfar sobre ese enemigo la próxima vez que intente infectar nuestras vidas.

¡Qué imagen más extraordinaria de la manera en que Dios nos da poder por Su Espíritu para derrotar la oscuridad! Nunca dudes que Dios te ha ungido con anticuerpos espirituales para vencer el virus de tiempos patéticos.

Las opciones

Si Elías y Eliseo se hubieran dado por vencidos y hubieran dejado de confiar en Dios, hubieran salido perdiendo. Si no hubieran perseverado en empujar sus respectivos arados, uno metafórico y el otro literal, entonces habrían perdido el manto de bendición que Dios tenía para ellos. El Señor todavía habría derrotado a sus enemigos y habría proporcionado el poder profético para vencer esos tiempos tan patéticos, pero habría usado a alguien más.

Tú y yo podemos ser parte de lo que Dios está haciendo, o podemos hundirnos en el fango cultural que está tratando de sumergirnos. Podemos dar de golpes y revolotear mientras las corrientes implacables de circunstancias inesperadas nos abruman o podemos asirnos de la línea de vida del poder profético que Dios extiende a quienes confían en Él. No podemos controlar todo lo que nos sucede a nosotros y en nuestro derredor, pero siempre podemos elegir en cuanto a cómo responder.

Podemos elegir seguir arando, fiel y obedientemente, aun cuando nos sintamos cansados, temerosos, ansiosos y tristes, confiando en que Dios sabrá cuando estamos listos para tener Su manto y seguir adelante. O podemos abandonar nuestros arados y perdernos en el desierto del hedonismo y humanismo que nos rodea. Podemos rehusar seguir adelante y confiar en Dios y por lo contrario escuchar las voces de los falsos profetas, idólatras y otros lobos en piel de oveja.

E incluso cuando fallamos, ¡podemos regocijarnos de que Dios es fiel! A pesar de la desobediencia repetida y la idolatría frecuente del pueblo de Israel, Dios no los abandonó, sino que les envió profetas, incluyendo a Elías y Eliseo, con Su mensaje de arrepentimiento y Su poder para conquistar la adversidad. Acab y Jezabel descaradamente adoraban a dioses paganos y practicaban rituales y costumbres abominables para el Señor de señores. Nos dicen que ellos eran lo peor de lo peor y lo más bajo de lo bajo, a pesar de su estatus real en la cumbre de la jerarquía social y cultural. Ellos pensaban que habían ganado y que habían comprobado que el Dios de sus antecesores ya no era relevante, fiable y accesible.

Lo que no sabían Acab y Jezabel, sin embargo, era que simplemente habían creado una oportunidad para que Dios revelara Su poder profético a través de Su pueblo. Lo que ellos pretendían para su propia gloria, avaricia y placer, Dios lo usó como una plataforma para exhibir Su carácter, Su amor y Su misericordia.

No te distraigas, mi amigo, por las demandas siempre cambiantes en tu vida.

No dejes atrás tu arado porque has quedado demasiado cansado, demasiado temeroso o demasiado inseguro.

No abandones la esperanza cuando Dios te está preparando para un avance victorioso.

No te desesperes cuando el pecado trate de infectar tu vida.

¡Los tiempos patéticos no se pueden comparar con el poder profético ilimitado del Dios vivo!

Elige lo profético sobre lo patético

Aunque tú y yo nunca hemos sido testigos de nada parecido a los desafíos de los tiempos recientes, Dios sí los ha enfrentado. Él existe fuera de los tiempos cronológicos tales como los conocemos, y Su omnisciencia conoce todo lo que se puede conocer, mucho más allá de lo que las mentes mortales pueden comprender o los sentidos humanos pueden captar. A Dios no le sorprende nada de lo que está sucediendo ahora: en tu vida, tu familia, tu vecindario, tu comunidad, tu lugar de trabajo, tu iglesia, tu ciudad, tu condado, tu estado, tu nación o tu mundo.

Te des cuenta o no, Dios te ha preparado para tiempos como estos. Él ya te ha ungido con anticuerpos para el virus de un mundo pecaminoso que está tratando de infectar tu vida. Cuando el mundo se pone al revés, Dios sigue siendo el mismo que siempre ha sido. Cuando la luz en tu derredor se empieza a opacar, la Luz dentro de ti brilla más fuerte. Santiago nos asegura de que «Toda buena dádiva y todo don perfecto descienden de lo alto, donde está el Padre que creó las lumbreras celestes, y que no cambia como los astros ni se mueve como las sombras» (Santiago 1:17). Dios ve lo que estás enfrentando, y se hará presente en medio de tus luchas.

Es posible que todavía no te muestre cómo va a terminar tu historia, y posiblemente no te proporcione lo que quieres cuando lo quieres. Posiblemente tengas que tomar un paso a la vez, un día a la vez, en vez de ser transportado mágicamente a una vida libre de dolor o incomodidad. De todas maneras, Dios está contigo y no te dejará indefenso frente a la maldad. Si estás dispuesto a renunciar a cómo quieres que tu vida sea, entonces Dios puede comenzar a mostrarte cómo tu vida *puede* llegar a ser: un trofeo de Su gracia, un testimonio de Su poder, un espejo espiritual de Su gloria.

¿Cómo es que sé esto? No porque Dios sanó a mi hija, no debido a la abundancia de bendiciones que Él fielmente me ha dado a mí y a mi familia a lo largo de mi vida, y no debido a cómo me sienta ayer, hoy o mañana. Sé que a Dios le importas y quiere cubrir tu alma con Su manto de protección, poder y provisión porque eso es lo que Él es y siempre ha sido y siempre será. Es el gran Yo Soy quien nos ama incansablemente a pesar de nuestros fracasos, fallas y fluctuaciones. Este es quien Dios es en el Antiguo Testamento y quien es en el Nuevo Testamento y quien es en el momento presente.

Empuja tu arado, conoce tu manto

Al final de cada capítulo, encontrarás algunas preguntas que te ayudarán a reflexionar sobre mi mensaje y aplicarlo a tu propia vida. No es obligación; no es tarea. Y no tienes que escribir tus respuestas, pero posiblemente te sorprenderá descubrir cuánto ayuda guardar un registro de cómo Dios te habla por medio de estas páginas.

Sea que registres tus respuestas o no, después de que hayas pasado algunos momentos pensando acerca de estas preguntas, te animo a ir delante del Señor en oración y compartir con Él lo que está sucediendo en tu corazón. Para ayudarte a iniciar tu conversación con Dios, para iniciar tu comunicación con Él, he provisto una oración corta para ti. No importa qué estés enfrentando, recuerda que Él es tu Padre celestial, tu Creador y el Amante de tu alma.

El arado que estás empujando hoy te está preparando para el manto que te pondrás mañana.

1. ¿Cuáles son las cosas más difíciles que estás enfrentando ahora mismo? ¿Qué cargas llevas que pesan más en tu alma? ¿Cómo has manejado la presión hasta ahora?

2. ¿Qué ejemplos ves en el mundo en tu derredor que son paralelos a los tiempos patéticos cuando Acab y Jezabel gobernaban? ¿Cuáles tendencias, problemas y conflictos te preocupan más en tu comunidad en este momento? ¿Qué es lo que más te asusta de ellos? ¿Qué impacto están teniendo en tu vida? ¿En las vidas de tus seres queridos?

3. ¿Cómo has visto a Dios encontrarse contigo en medio de tus luchas últimamente? ¿Qué es lo que más necesitas de Él en este momento?

Querido Dios, ¡Te necesito ahora más que nunca! Quiero confiar en ti y caminar por fe cada día, todos los días, pero es difícil cuando todo se siente abrumador. Sé que estás presente en mi vida y en mi corazón incluso cuando mis sentimientos nublan mis sentidos espirituales. Escucha mi oración, Señor, y los clamores de mi corazón al rendirte todo mi pesar, enojo, temor, ansiedad y depresión que están dentro de mi. Lléname con Tu Espíritu para que pueda ser renovado, refrescado y recargado. Dame poder para empujar el arado que está delante de mí para que pueda estar listo cuando el tiempo venga para ponerme el manto que Tú me quieres dar. Amén.

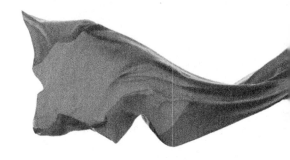

2

Empujando el arado

Empujar tu arado te prepara para usar el manto que Dios tiene para ti. Nunca confundas lo que estás *atravesando* con el destino que *alcanzarás*.

Algunas historias nos inspiran más que otras.

Ahora que participo en la producción de películas y medios basados en la fe, he empezado a analizar qué es lo que causa que ciertos personajes, eventos e historias sean más poderosos, llenos de esperanza y vivificantes que otros. Curiosamente, también me he visto inundado de ideas para historias por parte de una multitud de fuentes.

Por lo general, cuando las personas que me toca conocer por primera vez se enteran de que soy pastor, manifiestan cierta expresión que transmite una reserva respetuosa y resistencia a cualquier intento de evangelización que anticipan que posiblemente suceda. Sin embargo, cuando menciono que me encanta todo lo que tiene que ver con la ciencia ficción, que soy aficionado al cine y un productor aspirante que ha estado

39

involucrado con películas como *Breakthrough* («*Un amor inquebrantable*» en español) ¡inmediatamente todos quieren ser mis amigos y proponerme la idea que tienen para una película!

No sé exactamente por qué algunas historias me cautivan más que otras, pero, como millones de espectadores, quiero interesarme en personajes con quienes me identifico y que a la vez me desafían e inspiran a fortalecer mi fe cristiana.

Esto explica por qué me sentí atraído a la historia de Richard Montañez. De muchas maneras, el señor Montañez comenzó su vida como muchas personas muy trabajadoras que conozco. Un poco mayor que yo, creció en una comunidad pobre agrícola al este de Los Angeles. Él y una docena de miembros de su familia vivieron en una casa de una sola habitación en un campo para obreros inmigrantes, dedicados a recoger uvas y hacer trabajos de temporada. Mucho tiempo después, resumió su infancia a un reportero del *Washington Post* de la siguiente manera: «Tengo un doctorado PhD en ser pobre, hambriento y decidido».[1]

Montañez abandonó la escuela en el cuarto año de primaria para ayudar a proveer para su familia, haciendo trabajos aquí y allá, lavando autos, y trabajando en un matadero. Cuando tenía dieciocho años de edad, se enteró por alguien en su comunidad que la planta Frito-Lay en Rancho Cuacamonga estaba ofreciendo empleos. Él apenas podía leer y escribir, así que requirió ayuda para completar su solicitud. La mujer joven que le ayudó posteriormente llegó a ser su esposa. Frito-Lay lo contrató para ser conserje con un salario de $4 dólares por hora, y, en vez de sentirse desilusionado, Montañez siguió de

---

1. Kathleen Elkins, «How a Janitor Invented Flamin' Hot Cheetos and Became an Exec at PepsiCo», *CNBC*, June 29, 2018, https://www.cnbc.com/2018/03/27/a-janitor-invented-flamin-hot-cheetos-and-became-a-pepsico-exec.html; see also https://www.washingtonpost.com/news/morning-mix/wp/2018/02/23/the-flamin-hot-cheetos-movie-how-a-frito-lay-janitor-created-one-of-americas-most-popular-snacks/.

todo corazón el buen ejemplo de su abuelo respecto al trabajo. «Asegúrate de que el piso brille», le dijo su abuelo. «Y que sepan que un Montañez fue quien lo trapeó».[2]

Un día en el trabajo, una de las máquinas en la cadena de montaje de los Cheetos se descompuso, lo cual causó que el producto quedara sin el polvoreo de queso que es un distintivo de la marca. Montañez nunca desechaba comida gratis, así que se llevó algunos de los Cheetos a casa y decidió probar una mezcla de sabor diferente que era picante. Le encantaban los elotes asados rociados con jugo de limón y polvo de chile que vendían los vendedores ambulantes en su vecindario, y se sintió inspirado a crear un recubrimiento de sabor similar para sus Cheetos accidentales.

A sus amigos y familia les gustó tanto su nueva creación que Montañez decidió presentarla a Roger Enrico, quien entonces era el director ejecutivo de PepsiCo, la empresa matriz de Frito-Lay. A la vez ingenuo y audaz, Montañez no se daba cuenta de que los empleados, especialmente un conserje en una fábrica, no debían llamar al ejecutivo más alto con nuevas ideas. Sin embargo, el asistente de Enrico pasó la llamada de Montañez a su jefe, quien aceptó que tuviera una presentación para probar el nuevo sabor dentro de dos semanas.

Animado por la oportunidad tan enorme que ahora tenía ante él, Montañez se dirigió a su biblioteca local, y con la ayuda de familia y amigos bilingües, hizo todo lo posible para entender la mercadotecnia, cómo establecer una imagen corporativa, y la industria de la venta de bocadillos. Él mostró tener la habilidad de aprender mucha información rápidamente, y se enfocó en cada detalle de su presentación, incluyendo ideas

2. Andrew Whalen, «The True Story of the Flamin' Hot Cheetos Inventor Richard Montañez», *Newsweek*, August 27, 2019, https://www.newsweek.com/flamin-hot-cheeto-movie-true-story-creator-richard-montanez-1456377.

originales de cómo empaquetarlo con gráficas ingeniosas para identificar la marca. Y así es cómo Flamin' Hot Cheetos, uno de los bocadillos más populares y vendidos en el mundo, nació.

No hace falta decir que Montañez rápidamente subió la escalera corporativa después de una idea tan original y extraordinariamente exitosa. Llegó a ser un ejecutivo para PepsiCo, puesto que ocupó hasta que decidió ser consultor y motivar a otras compañías a promover la diversidad y creatividad en cada nivel. Me enorgullece decir que formo parte de un grupo de productores que está haciendo una película para Fox Searchlight Pictures acerca de la travesía extraordinaria de este innovador.

Muchos probablemente considerarán que su historia de la pobreza a la riqueza ilustra la promesa del sueño americano. Pero otros, y me incluyo, recordarán que necesitas estar dispuesto a empujar el arado antes de que te puedas poner el manto.

Arar en 3-D

Historias como la de Ricardo Montañez proveen la esperanza de que vale la pena perseguir sueños por muy inalcanzables que parezcan inicialmente. Estoy convencido de que esa es la razón por qué a las personas les encanta ver al desvalido superar todas las probabilidades en su contra y derrotar a un adversario superior. Ya sea David matando a un Goliat arrogante y jactancioso, mi equipo favorito de béisbol, los Pittsburgh Pirates, regresando para ganar el Juego 7 de la Serie Mundial de 1971 contra los Baltimore Orioles, o el Equipo Olímpico de Hockey Masculino que representó a los Estados Unidos en 1980 ganando sorpresivamente la medalla de oro, les vamos a aquellos que rehúsan darse por vencidos. La Cenicienta venció las tramas de su madrastra y sus hermanastras, de la misma manera en que los equipos de deporte «Cenicienta» transforman a jugadas de calabaza en trofeos de campeonato. Discutiblemente, algunos de estos ganadores tan inesperados parecen lograrlo por pura suerte. La mayoría, sin embargo, ganan haciendo el duro trabajo requerido para colocarse en la posición para hacer la jugada correcta en el momento correcto. Pasan las horas, los días, las semanas y los años necesarios para hacer cada tiro libre, pegarle a cada pelota lanzada, capturar cada pase, y meter cada putt. Aun si ellos no siempre se crean capaces y se sientan inferiores a sus competidores, de todas maneras creen en el duro trabajo.

Tanto compromiso y dedicación no es exclusivo de los atletas, por supuesto. Esa misma devoción a los fundamentos se puede ver virtualmente en cada campo. La gran mayoría de las personas que logran un nivel consistente de éxito han puesto el tiempo, la energía, el enfoque, los recursos y la práctica requerida para maximizar sus habilidades y hacer realidad su pasión por su profesión. Los ingenieros de computación, fiscales de distrito, neurocirujanos y contratistas de construcción no meramente deciden un día crear programas de computación, ganar casos criminales, salvar vidas o construir casas. Al contrario, años antes de llegar a un nivel de competencia, y con mayor razón, el dominio, cumplieron con el duro trabajo necesario para empezar y luego sostener.

En su éxito de venta, *Fuera de Serie*, (*Outliers*) el autor popular y observador social Malcolm Gladwell comparte su investigación en cuanto a qué es lo que causa que algunos individuos sean más exitosos que otros. Con todas las variables iguales, algo que él reconoce que rara vez ocurre, si acaso llega a ocurrir, la diferencia entre los buenos y los grandes, entre los ejecutores élites en sus campos y los que meramente son competentes, es la práctica implacable. Las personas que logran más son los que dedican la mayor cantidad de tiempo.

Gladwell afirma que en promedio, la mayoría de los superestrellas —sea en la medicina, música, deportes, tecnología, las artes o el entretenimiento— invierten cuando menos diez mil horas de práctica enfocadas para lograr los resultados estelares por los cuales son conocidos. «Entre más los psicólogos estudian las carreras de los muy dotados, parece que tiene que ver menos con el talento innato y tiene mucho más que ver con la preparación», él concluye.[3]

No puedo dejar de preguntarme si la misma clase de devoción, dedicación y diligencia en los que empujan sus arados es parte de lo que Dios usa como base para mayores mantos de promoción. Arar en 3-D forma el carácter, fortalece la fe, y engendra paciencia, porque estos profesionales sirven a Dios a pesar de sus sentimientos fluctuantes y frustraciones continuas, independientemente de las circunstancias y las crisis. Ellos perseveran cuando otros dan vuelta para atrás, se rinden, abandonan sus arados y huyen. Posiblemente no sean los más talentosos, los más educados, los más experimentados o siquiera los más fuertes. Pero son los más fieles, los más leales, los más decididos... y los más obstinados.

En vez de desanimarse por los vastos campos que hay que arar antes de que las semillas puedan brotar y que el fruto se pueda cosechar, estos individuos comienzan al principio de cada nueva fila, y simplemente empujan sus arados. Paso por paso, centímetro por centímetro, surco por surco, levantan el suelo duro para hacer cumplir sus sueños. Siguen sin parar a

---

3. Malcolm Gladwell, «Complexity and the Ten-Thousand-Hour Rule», *The New Yorker*, August 21, 2013, https://www.newyorker.com/sports/sporting-scene/complexity-and-the-ten-thousand-hour-rule.

pesar de cualquier obstáculo que esté obstruyendo el camino al progreso.

Las personas que aman y sirven a Dios en el poder del Espíritu Santo y a través del sacrificio de Jesucristo obran para descubrir los propósitos que Dios les ha dado, y administran los dones que Él les ha encomendado, de una manera muy parecida a como Eliseo empujaba su arado. Encarnan esta verdad: «Todo lo que hagan, háganlo de corazón, como para el Señor y no para los hombres, sabiendo que del Señor recibirán la recompensa de la herencia. Es a Cristo el Señor a quien sirven» (Colosenses 3:23-24 NBLA).

Tales empujadores de arados saben que no solo perseveran para obtener el manto de promoción que les espera, sino también para revelar el poder de Dios en sus vidas. Cuando servimos obediente y diligentemente sin poner el enfoque en nuestras propias habilidades, permitimos a otros tener un vistazo del Señor obrando por medio de nosotros. Honramos a Dios al cumplir con nuestro compromiso de empujar nuestros arados de la misma manera en que vivimos nuestras vidas: para su gloria. «Entonces, ya sea que coman, que beban, o que hagan cualquier otra cosa, háganlo todo para la gloria de Dios» (1 Corintios 10:31 NBLA).

Soluciones para el almacenaje

Muchos de la generación milenial y los jóvenes adultos de la generación Z luchan para empujar sus arados porque han sido condicionados por los personajes de YouTube que se convierten en sensaciones de la noche a la mañana y los memes virales que convierten a sus contemporáneos en celebridades de las redes sociales. Son brillantes, talentosos, apasionados y están dispuestos a trabajar. No obstante, resisten malgastar su tiempo y energía en cualquier proyecto que no prometa resultados garantizados. Los miembros de nuestras generaciones más jóvenes luchan para valorar la diligencia y la devoción como virtudes por derecho propio, y posiblemente con buena razón. Muchos de ellos son críticos de toda clase de avaricia corporativa y especulación capitalista que han visto en el mundo. Esta observación nos hace recordar que el valor del trabajo duro se tiene que determinar no solo por la motivación de quién empuja el arado, sino también por los resultados que tal inversión de trabajo producirá. Si nuestros motivos no son guiados por el Espíritu y buscan cumplir los sueños que Dios nos da, nuestros esfuerzos son malgastados. Cuando nuestra avaricia causa que empujemos nuestros arados para obtener más, cualquier cosecha que recojamos nunca será suficiente. Jesús dijo esto en una parábola acerca de un arador rico cuyo trabajo solo se enfocaba en más para sí mismo en lugar de más para Dios y otros:

Entonces les contó esta parábola:

—El terreno de un hombre rico le produjo una buena cosecha. Así que se puso a pensar: «¿Qué voy a hacer? No tengo dónde almacenar mi cosecha». Por fin dijo: «Ya sé lo que voy a hacer: derribaré mis graneros y construiré otros más grandes, donde pueda almacenar todo mi grano y mis bienes. Y diré: Alma mía, ya tienes bastantes cosas buenas guardadas para muchos años. Descansa, come, bebe y goza de la vida». Pero Dios le dijo: «¡Necio! Esta misma noche te van a reclamar la vida. ¿Y quién se quedará con lo que has acumulado?»

«Así le sucede al que acumula riquezas para sí mismo, en vez de ser rico delante de Dios».

Lucas 12:16-21

Queda muy claro que construir graneros más grandes o rentar más unidades de almacenaje no es la respuesta. El motivo detrás de nuestra voluntad de empujar nuestros arados cada día importa, pero tiene que venir acompañado de un objetivo significativo. En otra ocasión, Jesús hizo eco al tema de esta parábola y nos pidió que examináramos qué es lo que impulsa nuestras ambiciones: «¿De qué le sirve a un hombre ganar el mundo entero y perder su alma?» (Marcos 8:36 NBLA). Podemos hacer una larga lista de influyentes y activistas que son exitosos, ricos y muy poderosos, que hacen todo por lograr más porque les impulsan las motivaciones y metas mundanas, no las eternas del Reino de Dios. No hay soluciones de almacenaje para lo que está dentro del corazón humano mas que confiar en Dios y depender del Espíritu Santo.

Cristo también nos dijo: «Trabajen, no por el alimento que perece, sino por el alimento que permanece para vida eterna, el cual el Hijo del Hombre les dará, porque a Él es a quien el Padre, Dios, ha marcado con Su sello» (Juan 6:27 NBLA). Al evaluar los arados que estamos empujando, nos tenemos que preguntar acerca de la motivación así como el resultado final: ¿Por qué estamos haciendo el trabajo que estamos haciendo? ¿Para quién? ¿Para cuáles metas o resultados? Incluso los criminales y terroristas trabajan duro para realizar sus tramas, pero sus motivaciones —la avaricia, el poder, la venganza— y sus logros —el robo, el asesinato, el espionaje— solo conducen a lo que se estropea.

Incluso algo admirable como trabajar para mantener a nuestra familia puede desvirtuarse si no se tiene en cuenta tanto el motivo como el resultado final. Después de que se haya logrado cierto nivel de provisión y seguridad, por ejemplo, el trabajo se puede convertir en una forma de escaparse y así evitar las relaciones reales con los miembros de la familia.

La mayoría de los padres quieren dar a sus hijos más oportunidades y ventajas que ellos recibieron, pero si no inculcan la misma ética de trabajo en sus hijos, los sacrificios de los padres pueden llegar a ser contraproducentes y crear actitudes egoístas.

Empujar el arado de manera que lleve a mantos de promoción solo puede tener una motivación: el amor, la gratitud y la confianza en el Dios vivo y todopoderoso. Para los hijos de Dios y los seguidores de Jesús, nuestra motivación tiene su origen en la relación que tenemos con nuestro Padre Celestial. Cuando sabemos que Dios sacrificó a Su único Hijo, y que Jesús dio Su vida por nuestros pecados, y que el Espíritu Santo mora en nosotros, descubrimos que deseamos una sola respuesta digna para tales regalos de salvación, redención y vida eterna: nuestra meta llega a ser un deseo de dar todo lo que somos y todo lo que tenemos a cambio.

El apóstol Pablo hace claro que darle a Dios todas las áreas de nuestra vida es un acto de adoración: «Así que, hermanos, yo les ruego, por las misericordias de Dios, que se presenten ustedes mismos como un sacrificio vivo, santo y agradable a Dios. ¡Así es como se debe adorar a Dios!» (Romanos 12:1 rvc). Empujamos nuestros arados como un sacrificio para honrar al Señor más plenamente por lo que Él ha hecho, está haciendo y hará por nosotros.

Sobresaliente en su campo

La Biblia está llena de personas escogidas por Dios para llevar a cabo misiones sobrecogedoras y aparentemente imposibles. De Abraham a Jacob, Rut a Rajab, y Gedeón a Ester, sus historias reflejan la manera en que el poder y la gloria de Dios a menudo se manifiestan a través de los héroes más improbables.

A pesar de su propia falta de confianza personal, confiaron en Dios para cada paso de sus travesías. Estuvieron dispuestos a servir, a empujar sus arados, a pesar de sus propias insuficiencias, inseguridades e inestabilidades. Y Dios usó su voluntad de confiar en Él para revelar Su poder.

Vemos una clase similar de confianza y voluntad de empujar sus arados respectivos en las vidas de Elías y Eliseo. Exploraremos las maneras simbólicas en que Elías empujó su arado antes de conocer a Eliseo en el próximo capítulo, pero por ahora, simplemente debes saber que él tuvo que perseverar por pruebas tan duras como los campos pedregosos que Eliseo aró. Después de que el profeta de mayor edad llega a uno de los puntos más bajos de su vida, Dios se encuentra con él y lo envía en una misión: a encontrar a Eliseo.

Cuando buscó su protegido y sucesor según la dirección de Dios, Elías no encontró a su discípulo descansando bajo un gran árbol de sombra. ¡No estoy implicando ninguna clase de juicio por tomar tiempo para relajarse! Simplemente encuentro que es significante que Elías encuentra a Eliseo empujando un arado.

Sabemos gracias a la contextualización histórica que como agricultor en esta temporada, Eliseo se levantaba, empujaba el arado, rompía la tierra y sembraba la semilla. No es coincidencia que el hombre que empujó el arado terminara llevando el manto. Arar los campos implica repetición en hileras uniformes que siguen un patrón consistente. Se requieren ritmo y fluidez para empujar por terreno duro y pedregoso o navegar por un tierra blando y lodoso. Arar era trabajo tedioso y extenuante realizado por aquellas personas dedicadas a la necesidad de proveer alimento no solo para su propia sobrevivencia, sino para sus familias, tribus y comunidades.

En el día de Eliseo, arar requería de dominio y control sobre las bestias de carga, probablemente burros, o como las Escrituras indican en este caso, bueyes. El simple trabajo físico de arar requería que todo el cuerpo fuera fuerte. Sin duda, Eliseo empleaba sus hombros y cuerpo superior para tomar y guiar los mangos del arado mientras mantenía equilibrio, control y velocidad con su torso, muslos, piernas y pies. La tarea requería enfoque también para asegurarse de que las hileras quedaran derechas y que los animales jalaran en tándem.

Aunque nunca he sido agricultor, tengo varios amigos que crecieron en las granjas de sus familias. La mayoría de ellos hablan cariñosamente de sus memorias, pero ninguno describe el trabajo como algo menos que agotador. Levantándose por horas antes de que saliera el sol, aceptaban la labor física como parte del proceso para sostener la productividad de su granja y el medio de sostén para su familia. Había animales que alimentar, vacas que ordeñar, caballos que entrenar, ovejas que pastorear, cercas que levantar, y campos que plantar, deshierbar y cosechar. El trabajo duro lo asumían, remontándose a la inversión de sus antepasados, quienes habían estado ligados en gran medida a una economía agrícola y un estilo de vida dictado por las estaciones.

Al ver a la persona, bañada en sudor, que esforzadamente guiaba a un equipo de bueyes a arar hileras derechas e iguales, Elías seguramente quedó agradablemente impresionado. ¿Cómo no admirar la pura fuerza física y atención enfocada que estaba viendo? Posiblemente sea similar a la admiración y el respeto que sentimos por los que trabajan duro y sobresalen en sus campos particulares. Es la reacción que experimento cuando escucho a un predicador talentoso y emergente o cuando un corredor superveloz me pasa en el camino o la pista.

A menudo quedo especialmente impresionado cuando veo a alguien hacer algo que sobrepasa mis talentos y habilidades.

La respuesta de Elías a su nuevo compañero profético habla volúmenes: coloca su manto sobre los hombros de Eliseo. Como cuando Samuel ungió a David con aceite sagrado para significar su selección como el rey escogido de Dios, esta acción simboliza varias transacciones que estaban tomando lugar. Es un pasar generacional de la antorcha de un siervo-líder a otro. También hay una unción del profeta actual de Dios al que el Señor ha escogido para sucederlo.

Además, cuando el manto de Elías cae sobre el hombre que ha estado empujando el arado, hay una invitación a una nueva etapa, a un nivel más alto, al siguiente capítulo. Esta invitación también se puede interpretar como un tipo de recompensa o reconocimiento, no por arar por el tiempo más largo o arar las hileras más derechas, sino por la disposición de Eliseo de hacer el trabajo duro que Dios ha puesto delante de él.

Es que muchas personas desean el manto sin nunca haber empujado el arado. Lo que no comprenden es que en términos metafóricos y proféticos, el manto —un símbolo de la asignación, unción y autoridad de Dios— solo desciende sobre quienes fielmente empujan sus arados.

El que empuja el arado hoy lleva el manto mañana.

Lucha para estabilizar

Como mencioné anteriormente, me pregunto si las generaciones más jóvenes luchan más con la paciencia para perseverar con sus arados porque se han acostumbrado a los atajos que la tecnología nos ofrece. Me doy cuenta de que una generalización tan amplia puede sonar anticuada o condescendiente, y esa no es mi intención. Simplemente sospecho que cuando las personas se acostumbran a la gratificación instantánea en la mayoría de las áreas de sus vidas, les molesta cuando se ven forzados a trabajar sin tener un sentido claro de cuándo y cómo sus esfuerzos a largo plazo serán recompensados.

Ya sea por el impacto acumulativo de la cultura del internet y las redes sociales o simplemente por nuestra propia impaciencia, la mayoría de las personas pasamos por momentos cuando luchamos para estabilizar nuestros arados. Nuestras circunstancias afectan tanto el trabajo que somos llamados a realizar como nuestra actitud al hacerlo. Así que, sea donde te encuentres ahora, permíteme ofrecerte algunos puntos que tienes que aceptar si quieres empujar el arado de la perseverancia para llegar a usar el manto de mayor responsabilidad.

Ya hemos mencionado este primer punto, pero quiero recalcarlo: hay una orden estacional y secuencial a esta progresión. Tienes que empujar el arado antes de que pases a llevar el manto. De otra manera, puede que te encuentres sin la preparación o capacitación necesaria, o que dependas de tu propio poder y no el de Dios. Un manto que se ha adquirido demasiado rápidamente no te quedará bien ni te proporcionará la cobertura que necesitas para recibir la unción y cumplir lo que has sido llamado a hacer.

Y aquí está el segundo punto: no debes persistir detrás de tu arado cuando Dios revela que es tiempo de que asumas tu manto. Con frecuencia es tentador permanecer en la seguridad de lo familiar en vez de soltar los mangos del arado para que Dios te pueda dar algo nuevo que sostener.

Y, para mirar esto desde otro ángulo, si tus arados parecen ser demasiado pesados para soportar o sientes demasiado peso, entonces eso puede ser otra indicación de que sigues sujetando un arado que Dios quiere que sueltes. En otras palabras, posiblemente todavía estés haciendo algo que antes fuiste llamado a hacer mucho después de que Dios te ha llamado que lo dejes y avances. Ya sea por temor o duda o simplemente por no prestar atención al susurro del Espíritu, no puedes progresar hacia adelante si sigues sujetando tu arado cuando tu manto está listo.

No te estanques detrás de un arado.

No te estanques detrás de fracasos pasados.

No te estanques detrás de éxitos pasados.

Y tercero, a veces nos enamoramos del arado. Es similar a sentirse como un gran pez en un pequeño estanque. Posiblemente disfrutes del reconocimiento o la admiración que otros te muestran por el trabajo que estás haciendo. Al empujar el arado, puedes demostrar y exhibir tus talentos, habilidades y fuerzas. Pero nunca permitas que tu arado te defina.

No hagas que lo temporal sea permanente.

No confundas el proceso con la promesa.

No confundas lo que estás *atravesando* con el destino que *alcanzarás*.

Y aquí está el cuarto punto: si ves que estás atravesando algo que nunca antes habías atravesado, entonces solo es porque estás a punto de entrar en lo que nunca antes has entrado. Si eso suena confuso, favor de leerlo otra vez, lentamente: si has estado empujando como nunca antes habías empujado, solo es porque estás a punto de llevar una unción que nunca antes has llevado.

Estás en transición, trasladándote de una misión a otra. Cuando empujas el arado, estás rompiendo terreno nuevo y sembrando semilla nueva. Cuando llevas el manto, estás rompiendo nuevas barreras y atendiendo a la cosecha.

Eliseo se despertaba por las mañanas y reanudaba el trabajo físicamente demandante que había aceptado hacer. Sin excusas, justificaciones, quejas o murmuración. Si nunca has empujado

53

un arado, roto tierra o sembrado semillas, entonces te falta la capacidad completa para comprender lo que se requiere para cumplir con esta clase de dedicación. Pero si conoces lo que es empujar el arado, romper el terreno y sembrar una semilla, entonces sabes que Dios te ha preparado, te sigue capacitando y te dará poder para lograr más. ¡Los empujadores de arados saben que su Maestro tiene un manto para ellos!

Cuando empujas tu arado como Eliseo, entonces significa que vives por fe todos los días. En los días buenos y los días malos, días de lluvia y días de sol, en días cuando todo el mundo te ama y en días cuando la gente te odia. En días cuando tu cuenta bancaria está llena y en días cuando tu recibo del ATM se burla de ti. En días cuando vives de tu don y en días cuando solo sobrevives por Su gracia.

Y cuando vives por fe cada día, empujando tu arado según como Dios te ha asignado, entonces te puedes preparar. Porque estoy aquí para decirte —en el nombre de Jesús, con temor y temblor y un compromiso desmesurado a la ortodoxia bíblica y la centralidad de Cristo, no desde el vientre de la exuberancia emocional o la ilusión, sino impulsado por el Espíritu del Dios todopoderoso— estoy aquí para decirte esto: ¡segarás lo que has sembrado!

Si has estado empujando el arado, rompiendo el terreno y sembrando la semilla, entonces un manto de más poder, propósito y provisión está a punto de caer sobre tus hombros. Ya sea que eres pastor o empresario, casado o soltero, un líder creativo o un seguidor fiel, sea que estés capacitando a tus hijos biológicos o a tus hijos «espirituales» en los propósitos de Dios, sea la manera en que sigues siendo un mayordomo comprometido dirigiendo tu arado, hay más para ti. Algunos días puedes estar empujando tu arado con una sonrisa en tu rostro, y algunos días con lágrimas cayendo sobre tus mejillas.

Algunos días puede parecer que las ventanas del cielo se han abierto para ti, y algunos días te sientes seguro de que los poderes del infierno se han desatado para pararte. En todas estas cosas, has seguido empujando y has perseverado con tu arado.

Si sabes de qué estoy hablando, si puedes sentir que lágrimas se están formando en tus ojos mientras lees estas palabras, si crees que nadie sabe qué tan duro has estado empujando tu arado, si no puedes comprender por qué sigues empujando el mismo arado después de tanto años, entonces prepárate, mi amigo. Prepárate porque...

Hay un manto profético, un toque fresco del cielo que te está por llegar.

Hay un depósito celestial, una nueva unción, que te está por llegar.

Hay bendiciones, recursos y cosechas que te están por llegar.

Hay favor desmesurado, sin paralelo y sin precedente que te está por llegar.

No recordamos a Eliseo principalmente como el hombre del arado, sino más bien como el hombre que heredó un manto de una mayor porción. Asimismo, no te definirá lo que empujas, sino que te definirá lo que llevas.

Recupera tu aliento

Cuando has estado empujando tu arado por mucho tiempo, o al menos lo que parece ser un tiempo muy largo, es natural que te canses. Sigues haciendo las mismas cosas día tras día, y aunque los demás dependen de ti, es posible que no te muestren su apoyo o aprecio. Empiezas a sentir que nadie se fija en ti y que te dan por sentado: o peor, sientes que te están usando y explotando. Puede que hagas malabarismos

55

con múltiples responsabilidades y te sientas arrastrado de un arado a otro. Eventualmente, el peso de tu arado se vuelve más pesado y difícil de manejar. Tu cuerpo, cansado y exhausto, se rebela en contra del horario que guardas. Perseveras, pero estás comenzando a perder perspectiva, permitiendo que las emociones de enojo, resentimiento, frustración, soledad e insignificancia te abrumen. Aún así, te levantas cada día y vas a tu arado, haciendo lo mejor que puedes para dejar a un lado tus sentimientos y cumplir tu compromiso. Aun es posible que hayas entrado en depresión y te sientas atascado en un lugar, en una cinta de correr de arar, arar y arar sin tener el final a tu vista.

Si esto describe tu experiencia como un empujador de arado, entonces toma un momento para recuperar tu aliento, mi amigo fiel. Y luego recuerda otro par de verdades de la Palabra de Dios. Primero, toma en cuenta lo que Jesús les dijo a Sus seguidores:

«Vengan a mí todos ustedes que están cansados y agobiados, y yo les daré descanso. Carguen con mi yugo y aprendan de mí, pues yo soy apacible y humilde de corazón, y encontrarán descanso para su alma. Porque mi yugo es suave y mi carga es liviana».

Mateo 11:28-30

Aunque puede que empujar nuestros arados nunca se sienta tan fácil o ligero como quisiéramos, Jesús hizo claro que hemos de seguir Su ejemplo y descansar en la paz espiritual del Espíritu Santo.

Aquí está una verdad que te quiero animar a mantener al frente y en el centro: no importa cómo te sientas o quién no se fije en la tierra que aras, tienes un Padre celestial que te ve y te valora. La Biblia nos dice: «Así que no nos cansemos de hacer el bien. A su debido tiempo, cosecharemos numerosas bendiciones si no nos damos por vencidos» (Gálatas 6:9 NTV). Tu Creador te diseñó para un propósito especial y específico. Incluso si te sientes listo para tu manto antes de que se te dé, anímate y sigue siendo paciente.

Dios no se ha olvidado de ti y nunca te abandonará.

Pronto estarás llevando un manto de nuevos desafíos, nuevas metas, nuevos recursos.

¡Prepárate para un depósito santo de la gracia y el poder de Dios que te permitirá magnificar el nombre de Jesús como nunca antes lo has magnificado!

Empuja tu arado, conoce tu manto

Otra vez, aquí encontrarás preguntas que te ayudarán a absorber las verdades bíblicas de este capítulo y a aplicarlas a tu vida. Favor de considerarlas como una forma de personalizar tu experiencia de empujar tu arado y conocer el manto de promoción que Dios tiene para ti. Creo que encontrarás que es beneficioso anotar tus respuestas para que puedas regresar a ellas y repasarlas a medida que progreses por este libro.

Se provee una breve oración para ayudarte a conectar con Dios acerca de lo que has aprendido aquí. Te animo a tomar unos momentos para esperar en quietud y silencio delante de Él, para aquietar tu mente y luego desahogar tu corazón. Recuerda que Él sabe exactamente lo que estás enfrentando ahora y te está midiendo para un manto de promoción que te quedará como un guante.

1. ¿Qué identificarías como tu arado principal, o el enfoque principal de las responsabilidades que Dios te ha dado en este momento de tu vida? ¿Cómo describirías la manera en que empujas tu arado a diario?

2. ¿Qué es lo que más te desafía de seguir sirviendo fielmente con tu arado actual? ¿La impaciencia? ¿El cansancio? ¿Estar siempre ocupado? ¿Aburrimiento? ¿Resentimiento? ¿Otra cosa? ¿Qué obstáculos y barreras circunstanciales se interponen en el camino?

3. ¿Cómo te ha sostenido Dios y te ha provisto lo que necesitas para perseverar con tu arar? ¿Qué manto de promoción posiblemente esté preparando para ti? ¿Qué te hace pensar así?

Querido Señor, gracias por los talentos, las habilidades y aptitudes que has puesto dentro de mí. Te alabo también por las muchas bendiciones de experiencia, sabiduría y provisión que me has otorgado mientras he empujado mi arado. Concédeme paciencia para que pueda perseverar y esperar Tu tiempo propicio en vez de apresurarme de más o quedarme atrás. Guía y dirige mis pasos cada día mientras trato de ser el mejor mayordomo que puedo ser de Tus recursos. Haz que yo mantenga mi mano firme en el arado y mis hileras derechas mientras dependo de Tu Espíritu Santo como la fuente de mi fuerza y energía. Oro con el salmista: «Que el favor del Señor nuestro Dios esté sobre nosotros. Confirma en nosotros la obra de nuestras manos; sí, confirma la obra de nuestras manos» (Salmo 90:17). Amén.

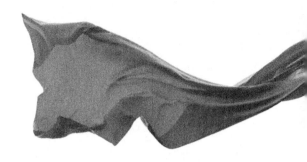

3

El manto de poder, paciencia y provisión

Durante tiempos de sequía, ara con paciencia y persis-
tencia mientras provee milagrosamente para todas tus
necesidades.

Alguien que había sido bendecido por nuestra iglesia en una
ocasión me hizo el regalo de un traje hecho a la medida especialmente para mí. Me pregunté si la persona me estaba sugi-
riendo de manera sutil que mi vestuario necesitaba ayuda o si
simplemente sabía que esta era una indulgencia en la cual yo
personalmente no gastaría mi dinero. Acepté amablemente el
regalo e hice una cita con cierto establecimiento para hombres,
una sastrería discretamente escondida en un área renovada
cerca del centro; sin idea alguna de qué esperar.

Una vez que entré a la tienda, sentí como si hubiera entrado
al tiempo pasado; al principio del siglo veinte cuando todo
caballero poseía cuando menos un traje fino, y frecuentemente

61

solo un traje, para bodas, funerales y ocasiones especiales. El lugar tenía paneles de roble y techos altos, una alfombra turquesa desteñida adornaba el piso de madera, y estantes cubrían toda una pared con inmensas cantidades de telas apiladas como si fueran libros gigantescos. Esta pequeña sastrería hasta olía de manera varonil y anticuada, con una fragancia que era una mezcla de ron de laurel, piel y cedro.

Basado en mi entorno, esperaba que el sastre fuera un caballero de pelo plateado en un traje de tres piezas con un reloj de bolsillo y un acento británico.

En lugar de ello, salió del cuarto de atrás un joven latino que portaba pantalones de mezclilla, zapatos de gamuza, auriculares y lo que parecía ser una bata de laboratorio con muchos bolsillos.

«¡Hola!» me dijo con una gran sonrisa. «Usted debe ser el pastor Sam. ¡Es un placer conocerlo!».

Mi nuevo amigo se presentó como Emilio. Luego me pidió que le describiera la clase de traje que me gustaría, tomando en cuenta lo que yo preveía así como los propósitos que serviría para diferentes ocasiones. Cuando le dije que en realidad no había pensado en ello, él me hizo claro que yo iba a empezar a pensar en este traje con mucho cuidado.

¿Quería un traje clásico y más tradicional, algo que me podía poner si iba a la Casa Blanca? ¿O posiblemente algo más moderno y elegante para cuando llevaba a mi esposa a cenar a un lugar elegante? ¿Prefería un color oscuro y neutral o algo más fresco y menos predecible? ¿Sólido, con rayas o cuadros? ¿Estaría viajando en él, lo cual requería tela sintética con menos posibilidad de arrugarse? ¿O sería solo para ocasiones especiales, lo que permitiría telas con lana natural?

Mi guía experto luego procedió a explicarme el proceso y la multitud de elecciones disponibles y las decisiones que se tenían que hacer para mi traje nuevo. Aunque soy un firme creyente en el adagio de que Dios está en los detalles, no tenía idea alguna acerca de cuántos detalles están involucrados en la confección de un saco y pantalón para hombre. Eva había ofrecido acompañarme, pero resultó difícil encontrar una hora cuando ambos pudiéramos venir, así que le di las gracias y dije: «¿Qué tan difícil puede ser, verdad?».

Emilio resultó siendo un regalo del cielo. Me ayudó a escoger una tela de lana, color azul oscuro con rayas finas y sutiles de color azul más claro. Luego, me mostró varios trajes ya terminados para ayudarme a escoger e indicar los detalles que quería en mi propio traje. Bolsillos, solapas, puños, ojales... ¡hasta me tocó escoger la tela para el forro!

Con la ayuda de su aprendiz, Emilio entonces tomó mis medidas y me dijo que mi traje nuevo estaría listo dentro de cuatro a seis semanas. Aunque pensé que el proceso de esa tarde había tardado mucho, me di cuenta de que eso no era nada comparado con el corte, ensamble y cosido de las dos prendas. Ordenar por un comercio de internet promete gratificación rápida y entrega dentro de dos días, pero un traje hecho a la medida solo para mí aparentemente requería casi dos meses.

Justo cuando casi me había olvidado de mi traje, Emilio me llamó para informarme que estaba listo. Tan emocionado como un niño en la Navidad, no podía esperar a ver el producto terminado... y no me quedé desilusionado. Mi traje nuevo resultó ser tan cómodo como mis pantalones de mezclilla favoritos y una camiseta. Emilio y su personal estaban muy contentos con su creación. Me quedaba perfectamente.

Todos los detalles que Emilio insistió que yo escogiera dieron muy buenos resultados: no estaba ni demasiado flojo ni demasiado apretado, no estaba demasiado rígido ni demasiado suave. Yo no podía creer cuánto mejor me quedaban estas prendas que las que acostumbraba usar. No hace falta decir que siento una gran confianza cuando me pongo este traje que nunca he experimentado cuando uso las marcas que forman parte del inventario establecido de una tienda regular. Esto es natural porque, después de todo, este traje fue hecho para mí y solo para mí.

Aunque sigo agradecido por el regalo generoso de mi benefactor, comparto esta experiencia para hacer llegar este punto: el manto de Dios para la promoción en tu vida requiere tiempo para darte algo que te quede perfectamente, pero vale todavía más que la espera. Dios es el benefactor máximo de bendiciones, ¡y Sus regalos siempre están hechos a la medida para tu vida!

Cuervos al rescate

Cuando has terminado una temporada de arar y estás listo para la promoción, nunca tienes que preocuparte de cómo te quedará tu manto.

Dios ha diseñado tu manto personalmente para ti y solo ti, incluyendo todo lo que tienes —talentos, dones, habilidades, experiencias— para que cubra cada área de tu vida. ¡Tus bendiciones son personalizadas y tus vestidos de alabanza proclaman la gloria de Dios! El Rey de reyes te ha escogido para que seas coheredero con Su Hijo, Jesucristo, y para que seas lleno con Su Espíritu Santo. Cuando experimentas la plenitud de esta relación sobrenatural, estás más que dispuesto a arar fielmente y esperar pacientemente por tu manto de promoción.

Aunque el servicio de Eliseo involucraba literalmente empujar su arado y plantar semillas a fin de recibir su manto de promoción, el arar de Elías involucraba perseverar durante climas extremos, confrontaciones con idólatras, momentos milagrosos, amenazas de muerte y depresión debilitante. Es que antes de seguir las instrucciones de Dios para encontrar, ungir, y ser mentor de Eliseo, el profeta Elías experimentó una serie de aventuras sobrenaturales comparables con cualquier novela de ciencia ficción o película de superhéroes. Metafóricamente, cada incidente proveyó más material —más tela— para el manto que ya estaba sobre los hombros del profeta, lo cual requería que Elías confiara en Dios, esperara en Dios, recibiera poder de Dios, y fuera usado por Dios.

Con los idólatras perversos Acab y Jezabel animando a sus súbditos a inclinarse delante de los dioses paganos Baal y Aserá, Dios usó a Elías para captar su atención. El Señor habló a través de Su profeta para recordar al pueblo de Israel de Su divino poder y santa autoridad como el único y verdadero Dios, Creador del cielo y la tierra. Pero el rey y la reina estaban decididos a burlarse de Dios y matar a Elías, así que el proceso de comunicación nunca iba a ser fácil.

La confrontación comenzó cuando Elías declaró a Acab, «Tan cierto como que vive el Señor, Dios de Israel, a quien yo sirvo, te juro que no habrá rocío ni lluvia en los próximos años, hasta que yo lo ordene» (1 Reyes 17:1). El agua es esencial, por supuesto, para que la vida se sostenga —plantas, animales, personas— y una sequía llevaría a esta nación fundamentada en la agricultura a sus rodillas. Interesantemente, sin embargo, Elías y otros que seguían adorando a Dios también se vieron forzados a soportar esta temporada mortal de sequía.

La experiencia de Elías, sin embargo, da evidencia de que Dios permaneció fiel y proveyó las necesidades de quienes siguieron sirviéndole. El Señor le dijo a Su profeta que fuera al arroyo de Querit, al este del Río Jordán, donde Elías recibiría sustento. Y así fue; una vez que él llegó, «Por la mañana y por la tarde los cuervos le llevaban pan y carne, y bebía agua del arroyo» (1 Reyes 17:6). Mucho antes de los servicios de entrega

65

de alimentos a domicilio, ¡Dios estaba llevando alimentos 100 por ciento orgánicos y bebida a Sus hijos!

Manto de milagros

Cuando el arroyo eventualmente se secó, Dios dirigió a Elías a ir a Sarepta, donde se encontraría con una viuda que tenía provisiones. Allí, a la puerta del pueblo, el profeta vio a una mujer que estaba recogiendo leña para un fuego y le pidió que le diera un poco de agua para beber y algo de pan para comer (ver 1 Reyes 17:10-11). Antes de que consideremos la respuesta de esta mujer, toma en cuenta que estos eran tiempos sumamente difíciles, el agua y la bebida probablemente eran más preciados que la plata y el oro. Así que cuando un extraño le pidió a esta dama que le regalara una pequeña porción de las provisiones que los mantenía a ella y a su hijo con vida, parece que fuera muy humano que ella titubeara:

—Tan cierto como que vive el Señor tu Dios —respondió ella—, no me queda ni un pedazo de pan; solo tengo un puñado de harina en la tinaja y un poco de aceite en el jarro. Precisamente estaba recogiendo unos leños para llevármelos a casa y hacer una comida para mi hijo y para mí. ¡Será nuestra última comida antes de morirnos de hambre!

—No temas —le dijo Elías—. Vuelve a casa y haz lo que pensabas hacer. Pero antes prepárame un panecillo con lo que tienes, y tráemelo; luego haz algo para ti y para tu hijo. Porque así dice el Señor, Dios de Israel: «No se agotará la harina de la tinaja ni se acabará el aceite del jarro, hasta el día en que el Señor haga llover sobre la tierra».

Ella fue e hizo lo que le había dicho Elías, de modo que cada día hubo comida para ella y su hijo, como también para Elías.

Y tal como la palabra del Señor lo había anunciado por medio de Elías, no se agotó la harina de la tinaja ni se acabó el aceite del jarro.

1 Reyes 17:12-16

Toma nota de la cantidad de información contenida en la respuesta de la viuda. Primero, comenzó invocando el nombre del Dios vivo, identificándose como alguien que no había abandonado su fe. Después, dejó vívidamente clara la situación tan grave que estaba viviendo. Ella anticipaba que la comida escasa que estaba a punto de hacer sería su última. Si unimos el hecho posterior con la verdad anterior, vemos la respuesta de aquellos que viven en la tensión entre su confianza en Dios y los hechos difíciles delante de ellos.

Vemos evidencia de la fe de esta mujer aun antes de que el profeta llegara. Cuando Elías primero la vio, ella estaba juntando leña para el fuego para hornear su último pequeño panecillo. En vez de desesperarse, esta mujer hizo lo que podía. Ella no tenía expectativa para más y sabía, por lógica, que ella y su hijo estaban al borde de la muerte. Aun así, ¡no perdió la esperanza!

Más evidencia de la fe de la viuda emergió después de que Elías le dijo que usara lo que tenía para hornear pan, primero para él y luego para ella y su hijo. Y luego el profeta, hablando por parte del Señor, declaró algo que debió haber requerido un gran salto de fe para esta pobre mujer: «No se agotará la harina de la tinaja ni se acabará el aceite del jarro, hasta el día en que el Señor haga llover sobre la tierra» (1 Reyes 17:14). ¿Te puedes imaginar lo que ella debió haber sentido en ese momento?

Seguramente experimentó un momento de duda, incredulidad, cautela o temor, o todos a la vez. Después de todo, ¡Elías era un extraño para ella! Y ahora él no solo tuvo la audacia de pedirle alimento, sino que persistió aun después de que ella le dijera que ya casi no le quedaba nada. Incluso más asombroso que su directiva culinaria, Elías le dijo que no se le acabaría la harina ni el aceite durante todo el tiempo que persistiera la sequía.

Así que, ¿ella qué hizo? Fue a casa e hizo lo que se le había instruido. Y Dios guardó la promesa que había hecho a través de Su profeta, proveyendo no solo lo suficiente para alimentar a Elías, sino a la familia de esta viuda también. Un momento ella estaba juntando leña para preparar su última cena, y el próximo estaba viviendo dentro de una provisión milagrosa de un Dios fiel.

Cuando persistimos fielmente en nuestro arado, el manto de milagros de Dios nos sostiene.

Limitaciones de pérdidas

La relación de Elías con la anfitriona que Dios había designado para él fácilmente pudo haber terminado allí. La fidelidad de esta mujer había sido probada, ella perseveró en empujar su arado, y Dios milagrosamente proveyó un manto para cubrirla durante la sequía. Pero la historia de la viuda, al menos según lo que se nos dice aquí, no concluyó cuando ella preparó el pan. Al contrario, ella tuvo que seguir arando ante probablemente la experiencia más devastadora que una persona pueda conocer: la muerte de un hijo muy amado.

No se nos dice cuánto tiempo había pasado, solo que «poco después» el hijo de la viuda se enfermó y se puso tan grave que finalmente expiró (1 Reyes 17:17). Ante el dolor profundo de su pérdida, la pregunta que la madre hace a Elías refleja la trayectoria emocional que a menudo experimentamos en medio del dolor abrumador: la impotencia, luego un sentido de culpa, y concluye con la tentación de echarle la culpa a Dios. «¿Por qué te entrometes, hombre de Dios?» le preguntó la viuda a Elías. «¡Viniste a recordarme mi pecado y a matar a mi hijo!» (1 Reyes 17:18).

Aparentemente, ella pensaba que si el profeta de Dios pudo salvarle la vida con un milagro, entonces también podía quitar una vida con poder divino. O posiblemente ella pensaba que después de que Dios hubiera salvado su vida y la de su hijo a través de Elías, entonces, a ellos les tocaba tener cierta clase de protección divina con sistemas inmunológicos inmunes. De cualquier manera, la perspectiva de esta mujer se vio limitada por las restricciones de su comprensión humana causadas por la pérdida de su hijo.

¿Te puedes identificar? ¿Has sufrido al arar y has dudado de la bondad de Dios?

Muchas veces nos apresuramos a tener las mismas clases de dudas, preguntas y temores cuando los tiempos se ponen difíciles y algo inesperado ocurre. Estamos haciendo lo nuestro, empujando nuestros arados y asegurándonos de que nuestras hileras queden en orden y que nuestras semillas estén plantadas. Si estamos sirviendo a Dios obedientemente, entonces, ¿no deberían nuestras circunstancias estar libres de problemas? ¿No debería el clima mantenerse agradable con cielos azules? ¿Y no deberían los hijos que amamos y por quienes oramos prosperar y gozar de protección también?

Por más que nos ame Dios, en ninguna parte de la Biblia nos promete darnos una vida libre de problemas. Porque nos dio libre albedrío, lo cual significa que podemos rebelarnos en contra de él (tomen nota del estado de nuestro mundo caído), estamos forzados a vivir las consecuencias de nuestras decisiones pecaminosas y egoístas. Dios siempre está presente en medio de nosotros y está dispuesto a escuchar nuestras oraciones, pero tenemos que sacrificar nuestros propios designios y deseos a fin de servirle. Él nos pide que confiemos en que Él sabe qué es lo mejor a pesar de lo que nuestros sentidos, nuestras mentes y nuestros corazones puedan decirnos. Aunque no quedamos libres de pruebas y tribulaciones, somos libres de tener que soportarlos y vencerlos en nuestro propio poder.

Jesús les recordó a Sus seguidores que nuestro Padre en el cielo «hace que salga el sol sobre malos y buenos, y que llueva sobre justos e injustos» (Mateo 5:45). Cuando recibimos a Jesús en nuestros corazones, aceptamos el don gratuito de la salvación a través de Su sacrificio en la cruz, y vivimos en el poder del Espíritu Santo, comenzamos un proceso de transformación espiritual generalmente llamado santificación. Seguimos siendo seres humanos pecaminosos aunque Dios ha perdonado nuestros pecados y está obrando en nuestras vidas.

En este lado del cielo somos una obra en proceso: todavía no hemos alcanzado la total perfección como Jesús, pero no estamos atorados en la cinta de correr de la idolatría egoísta.

Tenemos que ejercer paciencia mientras empujamos nuestros arados si queremos experimentar el poder y la promoción que viene con nuestros mantos.

Nunca es demasiado tarde

En vez de contestar la pregunta desesperada de la viuda directamente, Elías inmediatamente entró en acción:

—Dame a tu hijo —contestó Elías.
Y quitándoselo del regazo, Elías lo llevó al cuarto de arriba, donde estaba alojado, y lo acostó en su propia cama. Entonces clamó: «Señor mi Dios, ¿también a esta viuda, que me ha

dado alojamiento, la haces sufrir matándole a su hijo?» Luego se tendió tres veces sobre el muchacho y clamó: «¡SEÑOR mi Dios, devuélvele la vida a este muchacho!»

El SEÑOR oyó el clamor de Elías, y el muchacho volvió a la vida. Elías tomó al muchacho y lo llevó de su cuarto a la planta baja. Se lo entregó a su madre y le dijo:

—¡Tu hijo vive! ¡Aquí lo tienes!

1 Reyes 17:19-23

Esa escena increíble me hace recordar un milagro similar cientos de años después cuando Jesús le devolvió la vida a Su amigo Lázaro (ver Juan 11:1-44). En ambas situaciones, las familias experimentaron pesar, confusión y un dolor inaguantable al enfrentar el hecho de que era demasiado tarde, que el miembro enfermo de su familia realmente había muerto, que de alguna manera era la culpa de Dios. Las hermanas de Lázaro, Marta y María, habían enviado palabra a Jesús de que su hermano estaba enfermo, probablemente a punto de morir, pero Jesús siguió ministrando a otros, siguiendo el ritmo de Su Padre en vez de responder a la plegaria urgente de las hermanas de que fuera inmediatamente.

Cuando Jesús por fin llegó, Lázaro había estado muerto por cuatro días y ya estaba en la tumba. Ambas hermanas, al ver al Mesías, le dijeron: «Señor, si hubieras estado aquí, mi hermano no habría muerto» (Juan 11:21, 32). Posiblemente esperaban que Jesús, porque era su amigo, se apresuraría para estar con ellas y salvarle la vida a su hermano. Después de que Jesús no cumplió con sus expectativas, la fe de las hermanas vaciló. Sin duda, si Jesús realmente sentía algo por ellos, ¿no hubiera venido inmediatamente? Y si en verdad era el Hijo de Dios, como ellas creían, ¿entonces no hubiera salvado a su hermano?

La experiencia y lógica humana indicaban que la oportunidad para restaurar ya había pasado. Cuando Jesús lloró ante la noticia de la muerte de Su amigo, provocó algunas preguntas que algunos eruditos y teólogos siguen debatiendo hasta el día de hoy. ¿Por qué no llegó Jesús más pronto? ¿Y por qué llorar si iba a levantar a Lázaro de entre los muertos?

Creo que nuestras respuestas se encuentran en lo que pasa después, no solo el milagro que Jesús hizo pero la manera en que lo hizo. Al llegar a la cueva que servía de tumba, Cristo ordenó que quitaran la piedra. Marta le advirtió: «Señor, ya debe oler mal, pues lleva cuatro días allí» (Juan 11:39). Su advertencia era práctica y, nuevamente, estaba basada en la percepción lógica humana de que la descomposición del cuerpo era inevitable. Jesús, sin embargo, desafió lo que ella se presuponía antes de hacer lo que parecía totalmente imposible:

—¿No te dije que si crees verás la gloria de Dios? —le contestó Jesús.

Entonces quitaron la piedra. Jesús, alzando la vista, dijo:

—Padre, te doy gracias porque me has escuchado. Ya sabía yo que siempre me escuchas, pero lo dije por la gente que está aquí presente, para que crean que tú me enviaste.

Dicho esto, gritó con todas sus fuerzas:

—¡Lázaro, sal fuera!

El muerto salió, con vendas en las manos y en los pies, y el rostro cubierto con un sudario.

—Quítenle las vendas y dejen que se vaya —les dijo Jesús.

Juan 11:40-44

Jesús clamó a Su Padre, no porque a Él le faltaba el poder —porque, después de todo, Él es el Hijo de Dios—, sino porque quería que los que estaban allí reunidos le dieran la gloria a Su Padre. Conocer que Dios era, es y será Su fuente de poder. ¡Que fueran testigos de primera mano que nada es imposible para el Dios vivo! De igual manera, Elías sabía que la muerte no podía con el poder de Dios. Él le rogó a Su Padre celestial que tuviera misericordia por esta viuda que le había demostrado bondad, obediencia y hospitalidad. Dios escuchó las oraciones del profeta y respiró vida en el muchacho, causando que la madre agradecida exclamara: «Ahora sé que eres un hombre de Dios, y que lo que sale de tu boca es realmente la palabra del SEÑOR» (1 Reyes 17:24).

En ambas situaciones, las percepciones, limitaciones y expectativas humanas causaron que personas dudaran de Dios o lo culparan abiertamente por su pérdida devastadora. No confiaron en la habilidad de Dios de hacer lo imposible, de restaurar vida en lugar de muerte, de transformar una tribulación en un triunfo. Pero cuando dependemos del poder de Dios, nunca es demasiado tarde para hacer lo imposible.

Vestido para el éxito

El manto de Elías, el mismo manto que dentro de pronto colocaría sobre los hombros de su discípulo ungido, Eliseo, no era meramente una pieza de tela en forma de capa que se usaba por razones prácticas. Sí, una prenda así proveía protección contra los elementos del sol, la lluvia y el viento, así como las tormentas de polvo que ocurrían durante la sequía. El manto también proporcionaba calor al usuario durante las noches frías cuando la temperatura bajaba drásticamente en el desierto. Multifuncional, el manto usado por Elías pudo haber sido una cobija, almohada, carpa, albergue, toalla, túnica y cubierta para la cabeza.

Además de estos beneficios prácticos, sin embargo, el manto de Elías encarnaba y representaba la autoridad espiritual profética que Dios le había otorgado. Este manto estaba sobre él, literal y espiritualmente, cuando el profeta ejerció autoridad espiritual y desató una sequía sobre la nación rebelde de Israel y sus líderes idólatras (ver 1 Reyes 17:1). ¡El manto profético de poder, paciencia y provisión es todo lo que él necesitaba para estar vestido para el éxito!

Este manto de poder milagroso estaba sobre Elías cuando se escondió en el barranco junto al arroyo donde los cuervos le trajeron alimento. Cuando el arroyo se secó, Elías tomó su manto y siguió la dirección de Dios para llegar con la viuda de Sarepta, cuya harina y aceite nunca se acabó. Después que el hijo de la viuda se enfermó y murió, el manto del profeta se convirtió en un manto de oración mientras clamaba al Señor por poder sanador para restaurar la vida del muchacho. Posteriormente, como exploraremos en el siguiente capítulo, el manto de Elías lo cubrió cuando él clamó para que descendiera fuego del cielo y luego cuando exclamó, «¡Aquí viene la lluvia!» (ver 1 Reyes 18:36-38, 41-45).

No importa qué experimentaba Elías, llevaba puesto su manto del poder profético de Dios y poderosos milagros. Él sabía lo que siempre debemos recordar: el Dios del proceso es el Dios del resultado. No debemos confundir lo temporal con lo permanente, lo momentáneo con lo eterno. Dios quiere ensanchar nuestras perspectivas para que le confiemos con nuestras circunstancias presentes así como nuestros futuros inciertos. Cuando el camino que esperábamos que se abriera repentinamente toma un desvío o nos lleva a un callejón sin salida, no debemos apresurarnos a cuestionar a Dios o dudar de Él en vez de reconsiderar nuestras expectativas.

Recuerda: no confundas la situación por la que estás *atravesando* con el destino que *alcanzarás*.

Si has pasado por cuando menos una sequía espiritual, relacional o financiera en tu vida, entonces sigue adelante. Si has pasado por muchas de tales sequías de desilusión, distracción y descarrilamiento, entonces apresúrate más para seguir adelante. Si has estado en una sequía por tanto tiempo que tu cuenta de Instagram aparece cuando busco en Google la palabra *sequía,* ¡entonces Dios te bendiga!

Jesús les dijo a sus seguidores que no solo encontrarían pruebas, sino que debían esperar caminar por un camino pedregoso si querían seguir su ejemplo:

> Si el mundo los aborrece, tengan presente que antes que a ustedes, me aborreció a mí. Si fueran del mundo, el mundo los amaría como a los suyos. Pero ustedes no son del mundo, sino que yo los he escogido de entre el mundo. Por eso el mundo los aborrece. Recuerden lo que les dije: «Ningún siervo es más que su amo». Si a mí me han perseguido, también a ustedes los perseguirán. Si han obedecido mis enseñanzas, también obedecerán las de ustedes.
>
> Juan 15:18-20

Las percepciones de otros de quién somos y qué representamos y defendemos puede cambiar. Nuestras circunstancias probablemente cambiarán. Pero con Dios, no hay sombras que varían o cambian (Santiago 1:17). Él es nuestra roca sólida, nuestro fundamento inamovible, nuestra ancla estable cuando todo lo demás pueda voltearse al revés. Aun mientras presionemos hacia adelante y hacia arriba, diligentemente empujando nuestros arados, podemos contar con el manto profético de

Dios de poder, propósito y protección, ¡y podemos estar seguros de que siempre nos quedará como un guante!

Como el mensajero de Dios al pueblo desobediente de Israel, Elías proclamó que habría una sequía mortal, hizo milagros para obtener alimentos, trajo a los muertos de vuelta a la vida, convocó el fuego en un enfrentamiento competitivo sobrenatural y desató lluvia vivificante desde el cielo. A través de todo, confió en Dios como su fuente de poder.

Somos llamados a hacer lo mismo. El origen celestial de tu manto no significa que no experimentarás pruebas, tentaciones y tormentas. Sí significa, sin embargo, que Dios te capacitará y facultará para seguir empujando en medio de ellos y avanzar. Y con cada tormenta que perdures y cada obstáculo que venzas, el poder y la paciencia que exhibas agregará nueva provisión —nueva tela— a tu manto para acomodar la fuerza creciente de tu fe.

Frazada de seguridad espiritual

Al fortalecerte en tu fe, descubrirás que el manto de Dios es la frazada de seguridad máxima para tu alma. Tu manto te recuerda dónde has estado y a dónde vas. Tejido con las experiencias de tu vida, se ha cosido con los propósitos amorosos de Dios para tu tiempo aquí en esta tierra. Tu manto es tu testimonio de la fidelidad de Dios en tu vida; es tu trofeo de Su triunfo sobre todas tus pruebas.

Cuando nuestros hijos eran pequeños, frecuentemente tenían una frazada, un mono de peluche o algún juguete que les daba consuelo, seguridad y confianza. Al igual que el amigo de Charlie Brown, («Carlitos»), Lino, en las caricaturas de *Peanuts*, cargaban «frazadas de seguridad» con ellos dondequiera que iban. Y que Dios nos libre de que nos olvidáramos de llevarlas con nosotros cuando íbamos a visitar a familiares o, aun peor, si perdíamos una cuando íbamos al parque para jugar. Esas frazadas de vellón, esos ositos de peluche, monos de Disney, esas figuras o muñecos de acción y los libros de cuentos les proveían de algo constante y conocido, un pasamanos que agarrar cuando la tierra parecía temblar y una línea de vida al cual aferrarse cuando las circunstancias los sacudían.

A medida que los niños maduran, por lo general llegan al punto de que ya no necesitan aferrarse a sus monos de peluche. Muchos adultos, sin embargo, se sorprenderían al descubrir que están igualmente aferrados a ciertas posesiones o habilidades que sirven como sus propias frazadas de seguridad. En otras palabras, sus líneas de vida emocionales se encuentran en algo en vez de que en Dios. Para algunas personas, por ejemplo, puede ser juguetes «para grandes» tales como autos deportivos, barcos y cuadriciclos todoterreno (ATV). Otros encuentran su seguridad en la identidad de ser alguien que disfruta de ciertos pasatiempos, colecciona tesoros especiales o viaja a destinos exóticos.

No hay nada de malo con estos intereses o posesiones, solo en cómo los vemos. Porque si dependemos del dinero, el poder y los objetos materiales para definirnos, y la adquisición de estos para asegurarnos, entonces somos culpables de las mismas prácticas que Acab, Jezabel, y el pueblo rebelde de Israel. Básicamente, estamos adorando a ídolos al igual que ellos lo hicieron. Los nuestros probablemente no se llaman Baal o Aserá, pero son ídolos de todas maneras.

Dios es el Único que nos puede dar la máxima seguridad y certeza absoluta que anhelamos conocer. La Biblia nos asegura de que «Jesucristo es el mismo ayer y hoy y por los siglos» (Hebreos 13:8 NBLA). Sólo Él es «el autor y consumidor de la fe» (Hebreos 12:2 NBLA), nuestro Creador quien completará la buena obra que ha comenzado en nuestras vidas (ver Filipenses 1:6). Podemos orar gozosa y confiadamente las palabras del salmista:

> Ya que has puesto al SEÑOR por tu refugio, al Altísimo por tu protección, ningún mal habrá de sobrevenirte, ninguna calamidad llegará a tu hogar. Porque él ordenará que sus ángeles te cuiden en todos tus caminos. Con sus propias manos te levantarán para que no tropieces con piedra alguna.
>
> Salmo 91:9-12

Cuando caminamos con Dios y portamos Su manto sobre nuestras vidas, entonces no tenemos necesidad de nada de lo que el mundo ofrece. Ninguna frazada de seguridad se compara con la seguridad eterna del amor de Dios: en esta vida y la vida venidera. Así que, como Eliseo, empuja tu arado mientras perseveras con diligencia, y como Elías, ¡porta tu manto con la total autoridad de tu poder profético mediante el Espíritu del Dios vivo!

Empuja tu arado, conoce tu manto

Una vez más, a continuación encontrarás algunas preguntas que te ayudarán a reflexionar sobre este capítulo y aplicarlo a tu vida. No las consideres como tarea de *escuela*, sino como tarea para la *vida*. Aunque puede requerir más tiempo, escribir tus respuestas provee una buena forma de trazar tu progreso mientras perseveras en empujar tu arado y recibir el manto profético de Dios de poder, paciencia y provisión.

Independientemente de lo que escribas, te insto a apartarte y encontrar un lugar quieto donde puedas disfrutar de cuando menos diez minutos sin interrupción. Aquieta tu corazón delante de Dios, rindiéndole tus preocupaciones, cargas e inquietudes para que Él las tenga. Pide al Espíritu Santo que te guíe mientras consideras cada pregunta, y luego pasa el tiempo que queda en oración.

1. ¿Cuándo has culpado a Dios por circunstancias difíciles y pérdidas dolorosas? ¿Cómo atravesaste por esas experiencias? ¿Qué aprendiste de ellas? ¿Acerca de ti? ¿Acerca de Dios?

2. ¿Qué temporada de tu vida ha sido la más propensa a la sequía espiritual? En otras palabras, ¿cuándo has luchado para confiar en Dios y caminar por fe debido al temor, la inseguridad y la duda a causa de eventos inesperados o relaciones dolorosas?

3. ¿Cuándo te ha provisto Dios «harina y aceite» durante tiempos de dificultad? ¿Cómo te permitió esta provisión perseverar en tu arar? ¿Cómo dio forma a tus expectativas en cuanto a cómo Él sigue proveyendo para ti?

Padre celestial, te doy las gracias y alabanza por las maneras en que me sigues sosteniendo en medio de circunstancias que a menudo me dejan cansado y desanimado. Sé que confiar en Ti y seguir a Jesús no significa que nunca lucharé ni sufriré en esta vida. Pero también sé que Tú siempre me capacitarás y me facultarás con todo lo que necesito para seguirte. Dame fuerza, resistencia y valentía para que pueda soltar a mis ídolos falsos y frazadas de seguridad terrenales. Tu manto es todo lo que necesito, Señor, así que ayúdame a recordar que siempre estás conmigo y que Tu mano siempre está sobre mi vida. Confío en Ti y siempre quiero servirte con todo lo que me has encomendado. Amén.

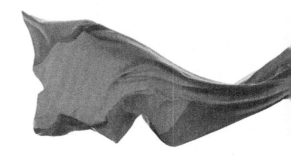

4

El manto de confrontación santa

Tu camino para salir de la sequía y entrar a lluvia refrescante requerirá que pases por el fuego, ¡pero el poder de la verdad de Dios siempre expondrá la impotencia de los ídolos!

Confiar en Dios significa poner tu mejor cara adelante.

Esta es la lección asombrosa que una niña me enseñó en una ocasión acerca del verdadero significado de la confrontación. Esto ocurrió hace muchos años, cuando mi esposa, Eva, y yo estábamos supliendo a una de las maestras de las clases de escuela dominical para preescolares en nuestra iglesia. Nuestros propios hijos eran muy pequeños en aquel entonces, y uno de ellos también estaba en nuestra clase. Nuestra lección esa mañana se trataba de Daniel en la fosa de los leones, pero lo que aprendí igualmente se aplica a la confrontación de Elías con el rey Acab así como los enemigos que tú y yo enfrentamos hoy.

Después de leer la historia bíblica de cómo Daniel rehusó dejar de orar a Dios y, por tal motivo, desobedeció la ley del rey (ver Daniel 6), ayudé a Eva a sentar a los pequeños alrededor de la mesa. Ella les mostró varias ilustraciones de Daniel enfrentando a los leones y luego les pidió que dibujaran sus propios dibujos de cómo se imaginaban la situación. Recuerdo que un niño dibujó una escena con un muñeco de palitos que representaba a Daniel disparando contra una docena de leones rugientes, todos en varias posiciones angustiosas de derrota violenta y con mucha pérdida de sangre. Sospeché que él se había basado mucho más en un juego de video acerca de un safari en la selva que de nuestra historia bíblica esa mañana.

Otro niño pintó un cuadro que mostraba a Daniel como entrenador de leones, y se parecía mucho más a un maestro de ceremonias de circo que al profeta cautivo en Babilonia. La ilustración de una niña mostraba a Daniel con un león atado a una correa. El león que se parecía mucho a *Clifford, el Gran Perro Rojo* que es un personaje infantil en los Estados Unidos. Ambos sonreían mientras paseaban en una habitación con sillón, sillas y un gran televisor.

—¿Esta es la casa de Daniel? —preguntó Eva a la niña.

—No —contestó ella—, solo su guarida. Es lo que llamamos nuestro salón.

Causalmente di la vuelta alrededor de la mesa, y entonces vi a una niña, que ya había demostrado tener opiniones muy fuertes, pintar toda su hoja de papel con una cara gigante. Su Daniel tenía pelo largo, ojos grandes azules, y una expresión que casi era burlona y desafiante.

—Me gusta tu Daniel —le dije, sonriendo para darle ánimo—. ¿Pero dónde están los leones?

Ella miró como si yo fuera la persona más triste, menos imaginativa y más aburrida que hubiera encontrado jamás. —Daniel los confrontó y ellos huyeron.

82

Si el cielo lo inicia, el infierno no lo puede parar

Asentí con la cabeza. —¿Así que oró y se les quedó mirando feo?

Ella me miró con incredulidad, como si no pudiera comprender cómo yo podía ser una persona mayor y pastor y no saber esto. —¡Confiar en Dios significa poner tu mejor cara adelante! —me dijo.

—¿Quieres decir poner tu mejor pie adelante? —le pregunté suavemente, pensando que le estaba corrigiendo el modismo que había usado. Este modismo en inglés significa hacer lo mejor que uno puede.

Ella puso su crayón en la mesa. —No, pastor Sam, si empiezas a caminar antes de que sea tiempo, ¡podrías lastimar tu pie! Cuando estás teniendo un mal día, oras y pones tu mejor cara adelante, asustas al diablo y les muestras a todos que las cosas no están tan mal porque Dios te ama y te va a cuidar.

Lo que sale de la boca de los más pequeños, ¿verdad? Me quedé sin palabras.

Reflexioné sobre su explicación por algún tiempo, preguntándome quién le había enseñado esa respuesta para cuando estuviera enfrentando desafíos inesperados. En los años transcurridos desde entonces, no estoy seguro de haber escuchado una mejor definición de una confrontación santa. Yo nunca había considerado la expresión y actitud de Daniel en cuanto a pasarse la noche en la fosa de los leones, o si pasaba por mi mente, me suponía que había estado tan temeroso y ansioso como yo hubiera estado. Pero esta niña claramente tenía una visión diferente de cómo se era la fe desafiante.

Siempre que creo que Dios me está llamando a usar el manto de la confrontación santa, recuerdo la expresión de Daniel en el dibujo de esta niña. Con tanta frecuencia, las personas tienden a ir a los extremos cuando confrontan a otros acerca de asuntos en los cuales están en desacuerdo o comparten

83

conflicto. Muchos odian la tensión incómoda de enfrentar a otros y tratan de evitar la confrontación cueste lo que cueste. A otros, parece que les encanta vivir del drama de confrontar a otros y mostrarles sus errores.

Ninguno de estos extremos, sin embargo, refleja la audacia, confianza y el carácter requerido para defender a Dios ante la cara de la adversidad. A lo largo de mi vida a menudo me he encontrado en situaciones que requieren que confronte a personas que tienen mucho más —más poder, más inteligencia, más dinero, más autoridad— que yo. En varias ocasiones Dios me ha dirigido a confrontar a oficiales elegidos en mi comunidad, dueños de empresas con bastante influencia y peso, líderes de ministerios internacionales, y ¡hasta a presidentes de ambos partidos políticos en la Casa Blanca! Sí, me he visto obligado por el Espíritu Santo a hablar la verdad de Dios a un presidente de los Estados Unidos: ¡más de una vez!

Mi deseo cada vez que soy llamado a participar en una confrontación santa es avanzar el Reino de Dios y defender Su verdad. Nunca confronto a otra persona en ira, o, dentro de lo mejor de mi habilidad humana, para avanzar mi propia agenda. Cuando he confrontado a líderes políticos y presidentes de ambos partidos políticos, he mantenido mi devoción a una sola causa: no a la causa del asno, el símbolo del partido Demócrata, o a la causa del elefante, el símbolo del partido Republicano, ¡sino a la causa del Cordero! No puedo decir que haya disfrutado de ninguna de esas conversaciones, a veces tensas y a menudo cargadas de emoción. Pero cada una me obligó a confiar en Dios y en el poder del Espíritu Santo un poco más. O, como la niña lo expresó hace años: ¡confiar en Dios y poner tu mejor cara adelante!

Tú y yo, como el pueblo de Dios, hemos sido llamados a respetar y obedecer a la autoridad gubernamental, pero también damos cuentas a una Autoridad Más Alta. Ultimadamente, servimos al Rey de reyes y Señor de señores en todo lo que hacemos. Has sido llamado a ser sal y luz en cada situación donde Dios te ponga: tu hogar, tu trabajo, tu iglesia. Tú y yo tenemos que estar dispuestos a confrontar cuando Dios nos llama a hacerlo.

Ayudando a los desvalidos

Durante estos tiempos desafiantes de confrontación oré sin cesar por la dirección, sabiduría y comprensión de Dios. Busqué emular a la única persona perfecta que ha caminado sobre esta tierra, mi Señor y Salvador, Jesucristo. Y confié en el poder sobrenatural del Espíritu Santo para obrar a través de mí y otros para lograr lo que Él nos había llamado a hacer

Posiblemente hayas estado en una situación similar. Si no alzabas tu voz en cuanto a la injusticia, nadie más lo iba a hacer. Posiblemente has sido desafiado en tu empleo donde las voces de los que están sufriendo injusticia están siendo ignoradas. O posiblemente tu iglesia le ha errado al blanco y ahora tiene una postura que es claramente inmoral. Posiblemente incluso en tu familia se está ignorando una verdad bíblica y está envenenando la santidad de tu hogar.

Si esto te está ocurriendo, te quiero mostrar cómo tú también puedes tomar fuerza e inspiración del ejemplo de Elías, quien demostró la audacia requerida para usar el manto de la confrontación santa.

Problemas santos

La situación divisiva en cuanto a lo político, social y cultural en nuestras naciones y en el mundo requiere que nos apartemos de la mayoría, para ir en contra de los poderosos y confrontar a los privilegiados. Ahora, posiblemente más que nunca, somos llamados a actuar a favor de los pobres, los débiles, los indefensos, los desvalidos, los huérfanos y las viudas. Debemos defender lo que creemos, porque sabemos lo que es correcto por la verdad encontrada en la Palabra viva de Dios. Pero defender la verdad rara vez es cómodo, conveniente, o cordial. Es mucho más fácil dejarse llevar por la corriente, alejarse de la batalla, desviar la vista. Aun cuando la inmoralidad, la avaricia, la perversión, el asesinato y la idolatría asaltan nuestras vidas a diario, puede que seamos renuentes para declarar nuestra oposición porque habrá un precio que pagar, consecuencias con las cuales contender, y cambios que hacer. Nos arriesgamos a que nos quiten de su lista de amigos en las redes sociales, a ser criticados y amonestados por oponentes que ni siquiera conocen el qué y quién que defendemos y representamos.

En nuestro mundo divisivo de animosidad política y descontento civil, a menudo permitimos que el manto de la confrontación santa se caiga de nuestros hombros. En vez de hablar sin reservas de lo que es correcto ante los ojos de Dios, callamos nuestras bocas para conformarnos al consenso. En vez de denunciar la injusticia, la inmoralidad, la idolatría y la falta de rectitud, hacemos todo por no causar controversias.

Ya sea que nos sintamos intimidados por el clima cultural de cancelaciones y la crítica o temamos las consecuencias de permanecer firmes en nuestra fe, debemos armarnos de la audacia de Elías quien confrontó al rey Acab. Recordarás que el profeta de Dios declaró que lluvia no caería, una manera de captar la atención de todos al hacerlos sufrir las consecuencias de una hambruna que puso las vidas en peligro; fue una temporada en la cual Elías y otros sobrevivieron solo gracias a la provisión y protección de Dios.

Cuando la hambruna ya estaba en su tercer año, Dios le dijo a Elías que ya era tiempo para una confrontación más directa: «Ve y preséntate ante Acab, que voy a enviar lluvia sobre la tierra»(1 Reyes 18:1). Elías se fue inmediatamente para ver al rey, pero antes de llegar con él, el profeta se encontró con el administrador del palacio de Acab, Abdías, identificado como «un fiel servidor del SEÑOR» (versículo 3 NTV) quien había adorado al Señor desde su juventud. Como evidencia de su fidelidad, Abdías había escondido a cien profetas en dos cuevas, proveyéndoles alimento y agua, y protegiéndolos de la intención homicida de Jezabel.

Elías instruyó a Abdías a ir y decirle al rey que el profeta se encontraría con él cara a cara. El fiel Abdías, sin embargo, temía la ira del rey concerniente al profeta.

«Ningún problema», Elías básicamente contestó. «Yo mismo iré y le diré».

Acab, al ver a su persona menos favorita acercarse, saludó a Elías con estas palabras: «¿Eres tú, el alborotador de Israel?» (versículo 17).

Acab estaba diciendo: «¿Qué es lo que quieres, gran alborotador?». Y tengo que preguntarme si esta es una traducción más cortés que la ira burlona que estaba en el idioma original.

De todas maneras, Elías desvió la acusación hacia una verdadera imagen de la situación: «Yo no le he causado ningún problema a Israel... Tú y tu familia son los alborotadores, porque se negaron a obedecer los mandatos del SEÑOR y, en cambio, han rendido culto a las imágenes de Baal» (versículo 18 NTV). En otras palabras, «Yo no soy el problema. ¡Tú eres el problema!».

Cuando ejercemos el manto de confrontación santa, posiblemente también nos vean como un alborotador, un instigador, un catalizador para cambio cuando todos en nuestro alrededor quieren mantener lo ya establecido. Nuestros oponentes posiblemente nos llame palabras ofensivas o tratarán de influir en otros para que ellos, también, se pongan en nuestra contra. Nuestros adversarios tienen la esperanza de que si convencen a otros de que somos la causa de problemas, entonces seremos silenciados.

Eso es cuando tenemos que atrevernos a causar problemas santos.

Confrontación espiritual

Como para probar su punto sobre la verdadera fuente de los problemas de Israel, Elías le dijo a Acab que reuniera a todos para una confrontación santa en el Monte Carmelo. Una vez reunidos, Elías dio un ultimátum al pueblo de Israel, a su rey y su reina, y a su falsa colección de dioses paganos:

Elías se presentó ante el pueblo y dijo:

—¿Hasta cuándo van a seguir indecisos? Si el Dios verdadero es el Señor, deben seguirlo; pero, si es Baal, síganlo a él.

El pueblo no dijo una sola palabra. Entonces Elías añadió:

—Yo soy el único que ha quedado de los profetas del Señor; en cambio, Baal cuenta con cuatrocientos cincuenta profetas. Tráigannos dos bueyes. Que escojan ellos uno, lo descuarticen y pongan los pedazos sobre la leña, pero sin prenderle fuego. Yo prepararé el otro buey y lo pondré sobre la leña, pero tampoco le prenderé fuego. Entonces invocarán ellos el nombre de su dios, y yo invocaré el nombre del Señor ¡El que responda con fuego, ese es el Dios verdadero!

Y todo el pueblo estuvo de acuerdo.

1 Reyes 18:21-24

Como puedes ver, o Elías preparó las condiciones para ser humillado en una de las demostraciones más dramáticas de la historia, o bien creó un escenario imposible para sí mismo en el que solo Dios podía encender el sacrificio en su altar.

¡Y Elías apenas estaba comenzando! No solo empezaron los 450 profetas de Baal a orar y gritar toda la mañana sin ni siquiera un vislumbre de una chispa cerca de su altar sacrificial, sino que cuando Elías comenzó a burlarse de ellos, gritaron todavía más fuerte y se cortaron con espadas hasta el anochecer. Avergonzados por la falta de respuesta de su dios, los falsos profetas y espectadores entonces observaron asombrados mientras Elías comprobaba su punto.

Elías, antes de orar y pedirle a Dios que quemara la ofrenda sacrificial, reparó el altar del Señor, cavó un zanja alrededor, acomodó el sacrificio e indicó que derramaran cuatro cántaros grandes de agua sobre los pedazos del buey, la leña y las piedras, no una sino *tres* veces, hasta que el agua llenara la zanja. Elías entonces dio un paso adelante y oró a Dios, pidiéndole que demostrara Su poder para probar que Él es el único Dios vivo.

Instantáneamente, el Señor contestó la oración de Elías de una manera tan sensacional como el desafío mismo: «En ese momento cayó el fuego del Señor y quemó el holocausto, la leña, las piedras y el suelo, y hasta lamió el agua de la zanja» (1 Reyes 18:38).

Asombroso, ¿verdad? No solo se quemó el sacrificio, ¡sino que la leña, las piedras y el agua también se consumieron! Mientras todo se quemaba, las personas que estaban observando proclamaron, «¡El Señor es Dios!» (versículo 39). Elías entonces ordenó que los profetas de Baal fueran ejecutados, que aparentemente fue el colmo para Acab y Jezabel. Enfurecida, la reina envió un mensajero para advertir a Elías que ella no descansaría hasta que lo mataran.

Pero sus amenazas no cambiaron el resultado. Esta confrontación espiritual, en la cual los presentes habían estado de acuerdo con las condiciones, ¡terminó como una victoria innegable para el único Santo Dios verdadero, Señor del cielo y la tierra! Aunque se les dio mucho tiempo, los 450 profetas de Baal simplemente no pudieron hacer lo que pudo un solo hombre de Dios en unos cuantos segundos: convocar al poder divino a consumir el sacrificio con fuego. Y solo para recalcar el hecho, Elías lo hizo tan fácil como fuera posible para sus oponentes, aunque lo hizo mucho más difícil para su propia persona al empapar el altar con agua.

Cuando el Espíritu de Dios te da poder para una confrontación santa, los resultados siempre glorifican a Dios y avanzan Su Reino.

Cuando sientes el calor

Con el manto de Dios alimentando su fe, Elías había levantado su voz. Él sabía que en esos momentos cuando la reputación de Dios está en duda, el silencio no es una opción. Toma nota que al inicio, cuando Elías describió el concurso, declaró implícitamente que el ganador no sería meramente un «dios» poderoso, sino que el Señor, el verdadero Dios. El manto de la confrontación santa declara la soberanía del único y verdadero Dios.

Hay cosas que nadie más que el único y verdadero Dios puede hacer:

Sólo Dios puede crear algo de la nada (ver Génesis 1:1).
Solo Dios puede abrir un camino cuando no hay camino (ver Isaías 43:19).

Solo Dios puede aparecer y restaurar las cosas para que al final del día parecerá como si ningún daño se hubiera hecho (ver Lucas 22:51).

Solo Dios pudo enviar a Su Hijo, Jesús, para salvarnos de nuestros pecados (ver Juan 3:16).

Solo Dios pudo diseñarnos a Su propia imagen (ver Génesis 1:27).

Solo Dios pudo darnos el regalo de la sexualidad santa con la intimidad del matrimonio entre un hombre y una mujer (1 Corintios 7:3).

Solo Dios pudo revelar el camino estrecho de verdad que nos guía al cielo (ver Juan 14:6).

Al empujar el arado, romper la tierra y sembrar semilla, recibirás un manto que te dará el poder para declarar: «¡*Solo Dios!*». Cuando están en medio de la confrontación santa, normalmente sentirás el calor antes de que veas el fuego. Y ese calor frecuentemente es incómodo. Aun el fuego mismo, la misma evidencia que le rogaste a Dios que enviara para mostrar Su poder, puede ser aterrador.

De hecho, permíteme hablarte del fuego.

El fuego no te hace principalmente danzar con alegría.

El fuego, lo primero y más importante, te hace inclinarte en señal de arrepentimiento.

El fuego te santifica.

El fuego te purifica.

El fuego te refina.

La temporada de fuego es la temporada en tu vida cuando Dios quita ideas, pensamientos, acciones, comportamiento y aun relaciones personales de tu vida que en el futuro impedirían el cumplimiento de *Sus* propósitos en ti, contigo y a través de ti.

Otros que caminan con el Señor, como los Abdías actuales, no podrán hacer lo que Dios te ha ungido a ti —y solo a ti— a hacer. Al caminar otros contigo, sin embargo, te darás cuenta de quiénes comparten los mismos valores y creencias y quienes no. Con quién puedes contar... y con quién no. A veces la temporada de fuego revela que ciertas relaciones personales solo son por un tiempo corto o para un propósito en particular. Luego hay tiempos cuando otros están pasando por el fuego a quienes serás llamado a asistir.

En este mundo vemos demasiadas instancias de injusticia, prejuicio, abuso infantil, odio, racismo, y la lista sigue. Tenemos que estar dispuestos a edificar altares con piedras de rectitud y justicia, y confiar que la mano de Dios responderá con poder. Si seguimos complacientes, entonces somos cómplices. Al contrario, tenemos que levantar nuestras voces como un son de clarín, clamando por justicia y reforma, por confesión y perdón, por sanidad y restauración.

Habiendo experimentado, por ejemplo, las consecuencias del prejuicio a primera mano a lo largo de mi vida, he aprendido que el cambio ocurre solo cuando el manto de la confrontación santa se despliega. Como seguidores de Jesús, tenemos que hacer nuestra parte al reconocer la verdad y demostrar nuestro amor en acción. Nuestro ejemplo tiene que reflejar el amor de Dios por todas las personas aun mientras reconozca la travestía, las tribulaciones y la tragedia que los marginados han sufrido. Tenemos que hacer un llamado para el cambio no desde un centro político, sino desde un centro profético donde la rectitud y justicia, gracia y verdad, se encuentran con el propósito de traer paz a todos los seres humanos creados iguales a la imagen de Dios.

Juntos, sobrevivimos las sequías y los fuegos y celebramos lo que sigue: lluvias de bendiciones.

Refrescado por la lluvia

Parecen durar para siempre, esos días cuando el suelo está terregoso y agrietado y los manantiales y lagos se secan. Cuando los tiempos son duros y luchamos para salir adelante. Cuando solo podemos imaginarnos lo que sería estar parados con nuestras caras y manos alzadas al cielo mientras que la lluvia cayera sobre nosotros. Pero la sequía llegará a su fin, y el fuego, que purifica nuestros deseos en el calor del momento, se menguará. Y, en el tiempo propicio, el fuego se extinguirá, dejando solo las cenizas. Entonces los cielos se abrirán y una lluvia consistente y constante caerá.

La sequía *te revelará*.

El fuego *te refinará*.

La lluvia *te refrescará*.

Durante las fases de perdurar en medio de la sequía, la confrontación espiritual y la convocación por el fuego —todos elementos de empujar el arado— confiamos que Dios nos ayudará a llegar al otro lado. En retrospección, obtenemos un vistazo de cómo Él nos preparó y capacitó para las bendiciones y recursos que ahora se nos están confiando. La lluvia representa santa restauración y renovación que apagan la sed y abaten el hambre experimentado durante la sequía y el fuego.

En la Palabra de Dios, Él nos dice esto: «En la temporada oportuna les enviaré las lluvias que necesiten; habrá lluvias de bendición» (Ezequiel 34:26 NTV). A medida que manantiales vivificantes de agua viva nos alimentan e hidratan, nos damos cuenta de que ¡Dios va a añadir aquí lo que perdimos allá! «El Señor te asegurará bendición en todo lo que hagas y llenará tus depósitos con granos. El Señor tu Dios te bendecirá en la tierra que te da» (Deuteronomio 28:8 NTV).

Al igual que Elías, tú y yo perseveraremos y usaremos el manto cristo-céntrico y hecho con gracia que se nos da solo hasta después de que hayamos sobrevivido la sequía, orado que baje el fuego, y prosperado en la lluvia. Después de que el fuego consumió todo lo que estaba en el altar de Elías, él le dijo a Acab: «Anda a tu casa, y come y bebe, porque ya se oye el ruido de un torrentoso aguacero» (1 Reyes 18:41). Mientras que el rey actuó en base a las palabras del profeta, Elías «subió a la cumbre del Carmelo, se inclinó hasta el suelo y puso el rostro entre las rodillas» (versículo 42).

Después de ser el conducto para la confrontación santa que Dios usó para callar a los idólatras, Elías se humilló y le dio a Dios toda la gloria. El profeta sabía que cuando vas a lo alto, tienes que inclinar hacia abajo. Entre más experimentes el derramamiento de Dios de poder, gracia, paz y abundancia, más alabanza y gratitud debe fluir de ti.

Y esperar la lluvia requiere paciencia. Elías le dijo a su siervo que fuera y mirara hacia el mar, lo cual hizo, solo para regresar e informar que no había cambio en el cielo. Elías lo volvió a enviar siete veces, antes de que el siervo reportara: «Desde el mar viene subiendo una nube. Es tan pequeña como una mano» (versículo 44).

Tú también debes rodearte de personas que no dejarán de buscar la lluvia, personas que no dejarán de esperar el cumplimiento de la promesa de Dios, quienes no se cansarán de subir montañas. Estas son las personas que pueden reconocer los pequeños inicios de algo poderoso, algo de Dios, aun desde una gran distancia. Una vez que te digan que ven una nube pequeña, toma acción. Y los que oraron contigo en la sequía y perseveraron contigo en el fuego ¡merecen bailar contigo en la lluvia!

Juntos, nos regocijamos y alabamos a Dios por guardar Sus promesas. Una vez que venzamos los obstáculos que bloquean el camino, podemos gozarnos en la lluvia de las bendiciones que Dios derrama sobre nosotros. Podemos mirar atrás y ver todo lo que sobrevivimos, aguantamos y empujamos para llegar a la cumbre de la montaña. Y seguramente, todos hemos vencido algo para llegar a la cima lograda por la confrontación santa. ¿Qué vencimos?

Vencimos fortalezas generacionales.
Vencimos el fracaso.
Vencimos la derrota.
Vencimos el pecado.
Vencimos la tentación.
Vencimos la adicción.
Vencimos la depresión.
Vencimos la ansiedad.
Vencimos la confusión.
Vencimos la debilidad
Vencimos la traición.
Vencimos el quebrantamiento.
Vencimos la incredulidad.
Vencimos la falta de perdón.
Vencimos la negatividad.
Vencimos las relaciones tóxicas.
Vencimos la enfermedad.
Vencimos al diablo.
Vencimos los juicios de otros.
Y sobre todo, ¡nos vencimos a nosotros mismos!

Sí, hemos vencido y superado tanto, y nunca debemos olvidarnos de que es Dios quien ha hecho que salgamos adelante.

Pero también debemos recordar *cómo* superamos todo lo que está detrás, cómo sobrevivimos el infierno que tuvimos que enfrentar, cómo perseveramos con nuestros arados para conseguir nuestros mantos. Y seamos honestos en cuanto a nuestras limitaciones, ¿bien? Porque no superamos todo por medio de depender de nosotros mismos y nuestro propio poder.

No importa qué tan poderoso, fiel, brillante, bello, rico, educado o exitoso seas, nunca alcanzas las cumbres ni experimentas la lluvia de restauración en tu propio poder.

No con tus mensajes en twitter.

No con tus «selfis».

No con tu afiliación política.

No con tu biología.

No con tu ideología.

Venciste porque Dios peleó por ti cuando tú no podías pelear por ti mismo: «¡No tengan miedo! No se desalienten por este poderoso ejército, porque la batalla no es de ustedes, sino de Dios» (2 Crónicas 20:15 NTV).

Venciste porque Dios ordenó a sus ángeles que te rodearan: «Pues las Escrituras dicen: "Él ordenará a sus ángeles que te protejan y te guarden"» (Lucas 4:10 NTV).

Venciste porque Dios te defendió: siempre que el arca salía, Moisés gritaba: «¡Levántate, oh SEÑOR y que se dispersen tus enemigos! ¡Que huyan ante ti!» (Números 10:35 NTV).

Venciste porque Dios te dio autoridad: «Miren, les he dado autoridad sobre todos los poderes del enemigo; pueden caminar entre serpientes y escorpiones y aplastarlos. Nada les hará daño» (Lucas 10:19 NTV).

Venciste porque Dios te cubrió con Su protección: «El SEÑOR te libra de todo mal y cuida tu vida. El SEÑOR te protege al entrar y al salir, ahora y para siempre» (Salmo 121:7-8 NTV).

Venciste porque una vez que uno es vencedor por medio del poder de Dios, siempre es vencedor por medio del poder de Dios: «Sabemos que todo aquel que ha nacido de Dios, no practica el pecado, pues Aquel que fue engendrado por Dios lo protege, y el maligno no lo toca» (1 Juan 5:18 RVC).

El enemigo vino a robar, matar y destruirte (ver Juan 10:10). Jesús vino para que tengas vida, y vida en abundancia (ver Juan 10:10).

Cuando las lluvias llegan, es tiempo de recuperar todo lo que el enemigo ha robado, ha intentado matar y ha hecho lo mejor que pueda para destruir. Ahora por el poder de Jesucristo lo estás recuperando todo.

Estás recuperando tu fe.
Estás recuperando tu gozo.
Estás recuperando tu paz.
Estás recuperando tu amor.
Estás recuperando tu unción.
Estás recuperando tu sueño.
Estás recuperando tu salud.
Estás recuperando tu familia.
Estás recuperando tu integridad.
Estás recuperando tu carácter.
Estás recuperando tu reputación.
Estás recuperando tu hambre espiritual.
Estás recuperando tu alabanza.
Estás recuperando tu grito.
Estás recuperando tu danza.
¡Estás recuperando tu adoración!

Una vez que seas un vencedor, un sobreviviente y veterano de empujar arados, entonces pisotearás todo lo que el infierno envíe en tu dirección. Los vencedores sobreviven para prosperar. Tienen un testimonio que está cargado con el poder del Dios vivo. Una vez más, no lo creas simplemente porque yo lo digo: créelo porque la Palabra de Dios lo dice:

> Entonces oí una gran voz en el cielo, que decía:
> «Ahora ha venido la salvación, el poder y el reino de nuestro Dios y la autoridad de Su Cristo, porque el acusador de nuestros hermanos, el que los acusa delante de nuestro Dios día y noche, ha sido arrojado. Ellos lo vencieron por medio de la sangre del Cordero y por la palabra del testimonio de ellos, y no amaron sus vidas, llegando hasta sufrir la muerte. Por lo cual regocíjense, cielos y los que moran en ellos. ¡Ay de la tierra y del mar!, porque el diablo ha descendido a ustedes con gran furor, sabiendo que tiene poco tiempo».
>
> Apocalipsis 12:10-12 NBLA

Toma nota aquí que los que conquistaron no meramente echaron mano de la sangre del Cordero, sino levantaron en alto la sangre del Cordero y *la Palabra de su testimonio*. Tu testimonio es una herramienta poderosa para vencer al enemigo. Piensa en eso por un momento. Tu testimonio es un conducto para el poder sobrenatural, infinito e ilimitado del Espíritu Santo. Tu testimonio puede cambiar atmósferas. Tu testimonio puede hacer retroceder las tinieblas.

Mira lo que el Señor ha hecho en tu vida:

Mira: Lo que el Señor ha hecho asilencia al diablo.

Mira: Lo que el Señor ha hecho pone a Satanás bajo tus pies.

Mira: Lo que el Señor ha hecho desarma a los principados y poderes de las tinieblas.

Venciste aquello por lo que pasaste; ese es tu testimonio. Con sensibilidad santa, y sin dar al enemigo gloria alguna por cómo te tentó e intentó obstaculizarte, usa tu testimonio.

Usa tu testimonio para salvar a otros.

Usa tu testimonio para liberar a otros.

Usa tu testimonio para sanar a otros.

Usa tu testimonio para proteger a otros de aquello por lo cual tú pasaste.

Dios te desarrollará por medio de la misma cosa que el enemigo envió para destruirte.

En vez de destruirte, te va a desarrollar.

En vez de aplastarte, va a crear algo nuevo de ti.

En vez de callarte, va a aumentar tu volumen.

Nuestras mentes se tienen que poner al día con lo que el Espíritu de Dios está haciendo.

No necesariamente tenemos que vencer inmediatamente. A veces vencer es un proceso. Y en ocasiones vencer toma lugar en privado para que el desbordamiento pueda ocurrir en público. Pero sea lo que estés experimentando ahora mismo, no dudes ni por un segundo que Dios está obrando en tu vida. Nunca tengas miedo de las batallas que enfrentas, porque la guerra ya se ha ganado. Toma una postura firme a favor de la verdad de la Palabra de Dios y el amor que Él tiene por todas las personas.

Y recuerda, la confrontación requiere convicción.

Pero la confrontación *santa* requiere el poder del Espíritu Santo.

Empuja tu arado, conoce tu manto

A estas alturas ya sabes que las siguientes preguntas se ofrecen para ayudarte a procesar y aplicar las verdades compartidas en este capítulo. De igual manera, la breve oración se ofrece como una forma de comenzar tu conversación con Dios acerca de todo lo que estás aprendiendo y experimentando en tu corazón en este momento.

Trata de encontrar un tiempo ininterrumpido y sin distracciones para que puedas adorar al Señor y escuchar la voz de Su Espíritu en tu vida. Pídele a Dios que te muestre dónde necesitas tomar una postura firme y hacer oír la voz de la verdad en medio del clamor.

1. ¿Cuándo te has encontrado en una posición que requirió que tomaras una postura firme a favor de la verdad de Dios? ¿Qué estaba en riesgo? ¿Cómo te preparaste para la confrontación santa que sentiste que debías tener? ¿Cuál fue el resultado?

2. ¿Cuáles son algunos de los ídolos culturales que ves a otros adorar y servir en el mundo hoy? ¿Qué impacto tiene su idolatría en ti, tu familia y tu comunidad? ¿Has confrontado a estos idólatras con el poder de Dios? ¿Cuál fue su respuesta?

3. ¿Qué has vencido para poder llegar a donde estás ahora en tu vida? ¿Cómo viste a Dios obrar para ayudarte a quitar los obstáculos que tuviste que vencer? ¿Cuál puede que sea la siguiente montaña a la que Él te esté llamando a subir?

Querido Dios, sé que quieres que viva en Tu verdad para que pueda ser sal y luz al mundo en mi derredor. Demasiadas veces me siento tentado a tomar la salida fácil y simplemente ir con la corriente en vez de tomar una postura firme y dar a conocer mis convicciones. Dame la valentía de Elías cuando confrontó a Acab y a los 450 profetas de Baal para que pueda convocar Tu poder y vencer la idolatría y las tinieblas. Considerando toda la turbulencia que hay en el mundo hoy, necesito la sabiduría y dirección de Tu Espíritu para poder conocer la mejor manera de lograr la paz, reconciliación y sanidad. Permite que todo lo que haga sea para Tu gloria y honor, Señor, al inclinarme ante ti en cada cumbre que me permites alcanzar. Amén.

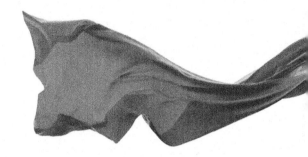

5

El manto de ímpetu espiritual

El ímpetu espiritual te permite acelerar el paso a medida que confíes más y más en Dios; cuando el cielo lo inicia, ¡el infierno no lo puede parar!

Me ha encantado correr desde que tengo memoria. Mientras crecía, pronto me di cuenta de que no era el más rápido ni el más fuerte ni el más competitivo en la pista, pero podía marcar un ritmo y mantenerlo durante más vueltas que la mayoría de los demás corredores. Por lo general, los corredores se entrenan para la velocidad y compiten en carreras más cortas enfocadas en la velocidad, o se enfocan en la resistencia e intentan lograr cierto ritmo que puedan mantener a una distancia más larga. Aunque he incorporado técnicas de entrenamiento de ambos a través de los años, me gusta pensar que soy un corredor enfocado en el impulso.

Posiblemente porque también soy adicto a la ciencia y me encanta ver la brillantez del diseño de Dios en Su creación, la física del ímpetu me fascina. Así es cómo funciona: cuando empiezas a correr, con un pie delante del otro, empiezas una rápida sucesión de empujones y aterrizajes. En pocas palabras, un pie usa la resistencia del suelo para lanzarse hacia adelante mientras que el otro pie que está delante aterriza e instantáneamente se empuja contra el suelo para elevarse de nuevo. Al correr hacia adelante, la fuerza de tu primera pisada se agrega a tu siguiente pisada, así creando mayor velocidad, pisada por pisada y paso por paso.

El ímpetu al correr hace que sea más fácil aumentar tu velocidad y mantenerla, estableciendo una velocidad rítmica mientras tus piernas y pies trabajan en sincronía. Sin ímpetu, tendrías que ejercer mayor fuerza para seguir avanzando a tu misma velocidad de movimiento. Científicamente, la fórmula para calcular el ímpetu es tu masa corporal multiplicada por la velocidad deseada. Los corredores fanáticos —ya sabes, los tipos que se obsesionan y hasta mantienen una bitácora— posiblemente calculen su ímpetu deseado al multiplicar su peso (por lo general en kilogramos) por su velocidad (metros por segundo).

Si ampliamos nuestro entendimiento de lo que es el ímpetu más allá de correr, entonces lo vemos medido conceptualmente de la misma manera. En la física, el ímpetu es la cantidad principal que mide el movimiento de un cuerpo; no necesariamente el cuerpo humano pero cualquier objeto o partícula dentro de un marco de referencia científico. La ley de la conservación del ímpetu indica que el movimiento de un objeto no cambiará con el tiempo gracias a su ímpetu, a menos que otra fuerza intervenga para desacelerar o pararlo.

Solo considera la manera en que un objeto que pesa más que otro llegará más lejos cuando sueltan a ambos a la misma velocidad, suponiendo que cualquier resistencia (como el aire o el agua) es la misma. Si sueltas una pelota de béisbol y una bola de boliche en un piso plano a la misma velocidad, la bola de boliche seguirá avanzando por más tiempo (a menos que choque con una pared o la detengas) que la pelota de béisbol, que pesa varios kilos menos. O si sueltas dos bolas de boliche pero alteras su velocidad, la que va más rápido obviamente llegará a una mayor distancia.

Es sencillo realmente: el ímpetu maximiza el movimiento para avanzar.

La velocidad de la vida

Si te sentiste perdido con toda la terminología de mi lección de ciencia, por favor, perdóname. Incluso si no eres corredor, ingeniero o físico, tienes una idea de lo que es el ímpetu basado en tu propia experiencia. En pocas palabras, una vez que empieces, es más fácil ir más rápido a medida que sigues avanzando. El ímpetu describe la manera en que tiendes a aumentar la velocidad una vez que estés avanzando. Considera cómo suele ser más fácil seguir trabajando después de encontrar un ritmo que te sostiene para hacer las tareas que tu trabajo requiere.

Puedes, por ejemplo, estar aseando tu casa, vendiendo productos en línea, o cumpliendo las tareas que alguien más te dio. Posiblemente postergues, abrumado por todo lo que se necesita hacer y la energía requerida para hacerlo. Luego por fin superas tu inercia y empiezas. Pronto te das cuenta de que entre más haces, más quieres seguir y completar todo lo que necesitas hacer. Empiezas lentamente pero aceleras el ritmo hasta que termines todas las tareas pendientes. Ni siquiera tomas un descanso, ni te detienes para platicar con clientes o para contestar un mensaje de texto porque sabes que romperá el ritmo acelerado que ya llevas. Ese sentido de estar aumentando la velocidad o ritmo, en términos generales, es tu ímpetu.

El ímpetu espiritual funciona de una manera muy parecida, al menos según mi experiencia y mis observaciones. Entre más confiemos en Dios y tomemos iniciativas en fe, más fuerte es nuestra fe en Él la próxima vez que tengamos que arriesgarnos para avanzar. Entre más experimentamos el poder, propósito y la paz de Dios en nuestra vida, más queremos experimentarlo siempre. Entre más conozcamos el amor, la bondad y la misericordia del Señor, más queremos que todos lo conozcan como Señor y Salvador.

Esta clase de ímpetu espiritual puro puede hacer que sigamos avanzando —en nuestras vidas, nuestras relaciones personales, nuestro trabajo, nuestros ministerios— en una línea recta bastante consistente a un ritmo bastante consistente. En nuestro mundo caído, sin embargo, lleno de toda clase de oposición a la vida piadosa, el ímpetu espiritual puede ser difícil de mantener. En vez de crecer espiritualmente al mismo ritmo de la misma manera sin importar lo que suceda día tras día, generalmente nos topamos con muros que desaceleran o impiden nuestro progreso.

Nuestras circunstancias, relaciones personales, decisiones, estados de ánimo, errores y triunfos, todo tienden a afectar la manera en que nos relacionamos con Dios y dependemos de Su Espíritu para nuestro poder. Idealmente, por supuesto, no deberíamos permitir que nuestras desilusiones, fracasos, arrepentimientos y emociones influyan en nuestras vidas espirituales, pero como ninguno de nosotros es tan perfecto como Jesús todavía, la realidad es que nuestro avance se ve afectado por los obstáculos.

Queremos desarrollar ímpetu espiritual constante y fuerte, pero luego, despidos en nuestro lugar de trabajo tambalean nuestro sentido de seguridad. Un hijo se enferma y queda internado en el hospital. El auto se descompone y necesita una nueva transmisión. Las cuentas siguen aumentando hasta llegar a ser una avalancha de deudas. Un accidente requiere un tiempo largo de recuperación, lo cual conduce al desánimo y la impaciencia. Volvemos a caer en antiguas adicciones o malos hábitos o relaciones que no son sanas.

Las muchas complicaciones de la vida sin duda causarán que se disminuya nuestro ímpetu espiritual, a menos que dependamos del Espíritu Santo. Sabemos que en esta vida siempre tendremos problemas, que el mundo siempre nos perseguirá, y que tendremos cruces que cargar al seguir el ejemplo establecido por Jesús. Pero la verdad es que es importante que los altibajos de la vida no nos disuadan de mantener nuestro ímpetu espiritual o de recuperarlo si la perdemos.

A través de todo lo que experimentamos, Dios está allí con nosotros. Su Espíritu es el aliento de aire fresco que levanta nuestras velas y nos da un segundo aire. Su Hijo, Jesucristo, es el Señor para quien corremos las carreras de la vida. Sí, podemos tropezar, bajar el ritmo, o flaquear, pero Dios siempre está allí para ayudarnos a recuperarnos y volver a alcanzar nuestro ritmo espiritual.

Estar decidido a perseverar, seguir empujando nuestros arados, es la única manera en que podemos recuperar o aumentar nuestro ímpetu espiritual. Si vamos a experimentar la plenitud de todo lo que Dios tiene para nosotros y recibir nuestros mantos de promoción, tenemos que confiar en que Él suplirá nuestras necesidades y no distraernos, perturbarnos o alternarnos por las interrupciones, obstáculos y adversarios en nuestros caminos. Somos hijos e hijas del Rey, creados a la imagen del Creador, coherederos con Jesucristo, y seres inmortales en cuerpos mortales.

Nuestro enemigo, el diablo, sabe que la forma de detenernos en nuestro camino espiritual es tentando, amenazando, y burlándose de nosotros. Una vez que hemos aceptado el don gratuito de la salvación por medio del sacrificio de Jesús en la cruz, una vez que tenemos el Espíritu de Dios viviendo en nosotros, entonces el enemigo sabe que no puede tenernos por la eternidad, pero todavía puede neutralizarnos. Puede minar nuestra fe, plantar semillas de duda y temor, tentarnos a desobedecer a Dios, y engañarnos con mentiras que distorsionan la verdad de la Palabra de Dios. Una vez que el enemigo consigue meterse en nuestras vidas, una vez que se mete en nuestras cabezas, entonces puede causar que no experimentemos la vida abundante de un propósito gozoso para el Reino de Dios.

Y previsiblemente, el enemigo con frecuencia nos ataca inmediatamente después de una victoria espiritual mayor.

Cuando estamos en la cumbre de la montaña alabando a Dios, el diablo está conspirando cómo derribarnos.

Esto definitivamente fue lo que le sucedió a Elías.

Malos perdedores

Elías tiene que haber disfrutado de la victoria de Dios en el Monte Carmelo de maneras que son difíciles de describir. Después de todo lo que el profeta había experimentado a manos de Acab y Jezabel, Elías no meramente llevaba el manto de la confrontación santa, ¡se hizo un traje de diseño con él! La confrontación con Baal resultó en la prueba clara, inequívoca e indudable de la existencia santa, la identidad singular y el poder ilimitado de Dios.

A la luz de esta victoria, Elías realmente había enfurecido a sus adversarios. ¡Esos sí que eran malos perdedores! No estoy seguro de quién estaba más enojado y humillado después de la confrontación sacrificial en el Monte Carmelo, Acab o su reina malvada, Jezabel. Hay muchas razones para concluir que era Jezabel, basado en el hecho de que ella envió un mensajero directamente a Elías con sus intenciones:

> Entonces Jezabel envió un mensajero a Elías para decirle: «¡Que los dioses me castiguen sin piedad si mañana a esta hora no te he quitado la vida como tú se la quitaste a ellos!».

> 1 Reyes 19:2

Aunque su amenaza fatal no era ninguna sorpresa, posiblemente no esperaba que Elías reaccionara de la manera que lo hizo. En palabras simples, ¡Elías entró en pánico!

En vez de tomar una postura firme ante tal hostigamiento, Elías reveló una reacción muy humana con la cual la mayoría de nosotros nos podemos identificar:

> Elías se asustó y huyó para ponerse a salvo. Cuando llegó a Berseba de Judá, dejó allí a su criado y caminó todo un día por el desierto. Llegó adonde había un arbusto, y se sentó a su sombra con ganas de morirse. «¡Estoy harto, Señor! —protestó—. Quítame la vida, pues no soy mejor que mis antepasados».

> 1 Reyes 19:3-4

No puedo recordar la primera vez que escuché esta historia y le presté atención, lo más probable es que fue cuando estaba entrando a mi adolescencia. Lo que sí recuerdo es que me sorprendió que este profeta tan audaz de repente tuviera tanto miedo. ¿Es este es el mismo hombre que Dios usó para parar toda la lluvia por casi tres años? ¿El mismo hombre que se acampó en el barranco junto al arroyo donde los cuervos lo alimentaron? ¿El profeta del Señor que milagrosamente proclamó que la harina y el aceite nunca se le acabaría? ¿Quién levantó a su hijo de entre los muertos?

¿El mismo Elías que obedeció a Dios a través de una confrontación santa con el rey y la reina, sus profetas paganos, y el pueblo apóstata de Israel? ¿El victorioso en una confrontación santa en la que no solo mostró el poder de Dios comparado con la impotencia de Baal, sino que también comprobó la identidad de Dios como el único y verdadero Dios?

¿La misma persona que había hecho todo eso de repente sintió miedo y huyó al desierto solo donde se sentía tan desesperanzado que se quería morir?

Sí. Es la misma persona. Y antes de que tú o yo juzguemos a Elías demasiado como un cobarde, posiblemente queramos echar un vistazo a las vigas en nuestros propios ojos primero. Caminar por fe significa que queremos depender de Dios siempre, confiando en que Él dirigirá, guiará, protegerá y proveerá para nosotros. Pero querer depender de Dios en todo tiempo no nos hace inmunes a las pérdidas devastadoras, desilusiones horrendas y emociones abrumadoras.

Cuando él permitió que el temor entrara a su corazón y que Jezabel se metiera a su cabeza, Elías también permitió que su ímpetu espiritual se sacudiera abruptamente causando una serie de paradas y arranques basados en sus emociones. ¡Él pasó de ser el conductor del tren bala celestial a ser rehén en una montaña rusa de sentimientos que se detuvo súbitamente! Al mirar hacia atrás a la narrativa total de su vida, luchamos para hallarle sentido a exactamente qué fue lo que falló.

Pero podríamos hacernos la misma pregunta.

Probablemente puedas mirar tu vida y ver algunos puntos increíblemente altos donde Dios intervino de maneras asombrosas, generosas y milagrosas y que sigues celebrando hasta el día de hoy. Probablemente también puedes ver momentos cuando te desilusionaste tanto de ti mismo por la manera en que te apartaste de Dios que todavía provocan sentimientos de vergüenza dentro de ti. Esas ocasiones nos hacen recordar que nuestro ímpetu espiritual frecuentemente sigue un ritmo de parar y arrancar de nuevo y luego una velocidad abrasadora de constante avance.

Lo importante es volver a entrar en movimiento.

Para recordar quién realmente eres, Quién te hizo, y qué has sido llamado a hacer.

Dónde estás en este momento y a dónde vas por la eternidad.

Cuando vas a una velocidad rápida y repentinamente te topas con un muro o alguien se topa contigo, entonces vas a quedar desorientado. Pero tan pronto te pongas de pie de nuevo y te orientes, puedes reenfocarte en lo que sabes que es cierto.

Porque, ¿cómo puedes permanecer abajo cuando el mismo Espíritu que levantó a Jesús de entre los muertos vive dentro de ti? Cuando dependes de Dios para sostenerte, entonces siempre tienes el poder necesario para seguir adelante. A fin de evitar esas paradas repentinas y descarrilamientos, es importante ver hacia dónde vas.

¿Estás siguiendo a Dios y el camino revelado por Su Espíritu?

¿O a alguien o algo más?

Trampas pegajosas

Para usar el manto del ímpetu espiritual, tenemos que decidir a quién servimos. Hay personas que logran tener influencia en nosotros por medio de sus halagos así como hay personas que nos provocan porque quieren nuestra atención o nos critican de una manera que realmente nos irrita.

Estas personas saben que una distracción es el primer paso a la perturbación, y disfrutan de la sensación de poder que esto les da.

Cuenta tu historia para la gloria de Dios, no para recibir la aprobación de cualquier otra persona, ni de la tuya. Cuenta tu historia en los momentos cumbre cuando has visto a Dios obrar de maneras asombrosas y milagrosas en tu vida. Cuenta tu historia cuando el Señor te ha sostenido a través de la sequía y ha enviado fuego santo para derrotar a tus enemigos y refinar las impurezas en tu vida.

Cuenta tu historia a quienes están dispuestos a escuchar y reconocer el poder y la presencia de Dios en tu vida. Si se unen a ti para adorarlo como el único y verdadero Dios, entonces has descubierto a nuevos amigos en el Cuerpo de Cristo. Esa es la única manera en que las personas pueden tener alguna autoridad o credibilidad para hablar a tu vida: si están caminando con Dios y sirviéndole como su Señor y Salvador.

Con más frecuencia, aquellos sin la autoridad espiritual para influirte te tratarán de decir lo que debes y no debes hacer. Estos pueden ser familia y amigos, pero también pueden ser influyentes de las redes sociales, íconos culturales, celebridades, actores, cantantes, artistas, atletas superestrella, políticos y líderes cívicos... y sí, a veces ¡aun los que falsamente dicen ser creyentes, pastores y líderes ministeriales! Jesús nos advirtió en contra de estos lobos en piel de oveja:

«No todo el que me dice: "Señor, Señor", entrará en el reino de los cielos, sino solo el que hace la voluntad de mi Padre que está en el cielo. Muchos me dirán en aquel día: "Señor, Señor, ¿no profetizamos en tu nombre, y en tu nombre expulsamos demonios e hicimos muchos milagros?" Entonces les diré claramente: "Jamás los conocí. ¡Aléjense de mí, hacedores de maldad!"».

Mateo 7:21-23

Estos hacedores de maldad intentarán la misma cosa que Jezabel: iniciar una conversación contigo para involucrarse contigo de maneras que les da un lugar de influencia. ¿Por qué otra razón enviaría Jezabel un mensaje con tales palabras, si no era para sembrar duda, temor e incertidumbre en la mente de Elías? Si ella realmente quería matar a Elías, ¿no era más probable que enviara a un soldado en vez de un mensajero? En su lugar, envió una bomba de tiempo con gran potencial para prolongar las imaginaciones temerosas acerca de lo peor que pudiera suceder:

«Que los dioses me castiguen sin piedad», ella dijo, «¡si mañana a esta hora no te he quitado la vida como tú se la quitaste a ellos!». Toma nota de las tres maneras que intentó penetrar las defensas espirituales, emocionales y físicas aquí. Primero, ella invocó a sus propios dioses en contra de ella misma, haciéndolo claro que ella todavía no creía en el único y verdadero Dios. Al pedir que sus dioses la castigaran sin piedad si ella no podía cumplir su amenaza de muerte, Jezabel estaba usando lógica contraintuitiva. Elías ya sabía que sus dioses eran ídolos falsos sin poder para generar siquiera una chispa, mucho menos un fuego. Ella podía hacerles todos los votos que ella quisiera sin causarle temor a Elías. Pero el hecho de que ella estaba dispuesta a invocarlos implicaba que ella pensaba que sus dioses sí tenían esa clase de poder. ¡Al maligno le encanta crear dudas que conducen a trampas pegajosas!

Luego, cambiando de tácticas espirituales a las emocionales, Jezabel le comunicó a Elías que ella quería venganza, que tenía planes de matarlo a él así como él había matado a los 450 profetas de Baal. Su intención era crear temor en este poderoso hombre de Dios y esperaba impresionar a Elías con su furia apasionada. Finalmente, Jezabel estableció un plazo límite: «mañana a esta hora», para intensificar la ansiedad e incertidumbre de Elías. Establecer este plazo de 24 horas hacía que su intento sonara deliberado; no era una amenaza vaga.

Jezabel quería una conversación, y basado en las reacciones de Elías, consiguió una.

No converses con las Jezabeles en tu vida. *Reprende* a las Jezabeles.

Este es un método que el astuto enemigo empleó mucho tiempo atrás en el huerto de Edén, cuando le preguntó a Eva: «¿Es verdad que Dios les dijo que no comieran de ningún árbol del jardín?» (Génesis 3:1). La serpiente, quien conocía la respuesta a su propia pregunta antes de preguntarla, exageró la instrucción que Dios les había dado a sus creaciones varón y hembra al llevarla a lo extremo. Pero la pregunta de la serpiente había logrado lo que era su intención: iniciar una conversación.

Después de que Eva corrigiera la suposición implicada de la serpiente acerca de lo que ella y Adán podían y no podían comer, la serpiente sacó su próxima trampa de la tentación al tratar de minar la autoridad de Dios: «La serpiente le dijo a la mujer: "¡No es cierto, no van a morir! Dios sabe muy bien que, cuando coman de ese árbol, se les abrirán los ojos y llegarán a ser como Dios, conocedores del bien y del mal"» (Génesis 3:4-5).

Ella quedó atrapada en la trampa verbal. Comió, y Adán, quien estaba con ella, comió.

Los enemigos saben cómo envolvernos, y una vez que estamos envueltos, entonces podemos quedar distraídos, divididos, desviados y descarrilados del propósito que Dios nos ha dado. Una vez que nos hayamos salido del carril, entonces nuestras emociones hacen mucho del trabajo. Al comenzar a permitir a nuestras imaginaciones divagar, nuestros peores temores vienen a nuestra mente, viejas memorias de sentimientos similares resurgen, y comenzamos a sentirnos impotentes, desprendiéndonos de nuestra dependencia en Dios y el poder del Espíritu Santo, generalmente sin siquiera darnos cuenta.

Pero cuando nos movemos bajo el manto del ímpetu espiritual, nuestros enemigos no nos pueden parar. Posiblemente nos desaceleren, tiren o aplasten, pero no nos pueden parar. Pueden intentar amenazarnos para que nos detengamos temporalmente. *Pero una vez que Dios nos pone en movimiento, ¡somos imparables!*

Él ha estado allí y lo ha hecho

Elías permitió que su temor lo dominara. Después de todo lo que había experimentado, después de ver todo lo que Dios había hecho, después de todo lo que había atestiguado, Elías huyó para esconderse. Él permitió que su confianza en el Señor se desvaneciera y pasó por alto la verdad de la Palabra de Dios: «No temas ni te desalientes, porque el propio Señor irá delante de ti. Él estará contigo; no te fallará ni te abandonará» (Deuteronomio 31:8 NTV).

¿Qué significa esto? ¿Por qué es tan importante esta promesa? Porque nos da combustible para el motor del ímpetu espiritual. Podemos seguir avanzando hacia adelante con certidumbre sin importar quién o qué esté intentando detenernos. Incluso mientras Elías corría a Berseba donde dejó a su siervo y luego se escondió solo debajo de un arbusto, Dios ya estaba allí.

Significa que no importa qué esté delante de ti, cuando avanzas hacia ello, Dios ya está allí. Él preparó tu camino de promoción antes de que siquiera tomaras tu primer paso. Así que no importa qué obstáculo, barrera, impedimento, retén, tope, o bache pegues, Dios ya ha ido delante de ti y ha provisto una manera de seguir adelante.

El río que está en frente de ti: Dios ya lo ha cruzado.

La montaña que se ha interpuesto en tu camino: Dios ya lo ha escalado.

La serpiente que salió para envenenarte: Dios ya la ha quitado de encima.

El gigante que se burla de ti y te amenaza: Dios ya lo ha derribado.

La Jezabel que está amenazado destruirte: Dios ya la ha silenciado.

Dios siempre va por delante y prepara el camino para que hagas cosas mayores.

Lo único que tienes que hacer es seguir moviéndote, seguir confiando, seguir hacia adelante... seguir arando.

La Palabra de Dios confirma esto: «Les digo la verdad, todo el que crea en mí hará las mismas obras que yo he hecho y aún mayores, porque voy a estar con el Padre» (Juan 14:12 NTV).

Dios va delante de ti.

Dios está a favor de ti y no en contra de ti.

No importa qué estés enfrentando, Dios ya lo ha solucionado, arreglado, resuelto, quitado, sanado y sellado. Si estás preocupado por tus hijos, tu familia, tu matrimonio, tu informe médico, tu carrera, tu educación, tu relación, tu circunstancia, esa herida del pasado, la cicatriz de la traición, ese secreto que te mantiene despierto por la noche, esa adicción con la que todavía estás batallando, entonces hay algo que debes saber: no permitas que tu corazón se llene de angustia.

No te preocupes.

No te pongas ansioso.

¿Por qué? Porque Dios ya ha tratado con eso. Él ha estado allí y lo ha hecho.

«Pero, Pastor Sam, no comprendes las cosas tan difíciles que he estado enfrentando. Este año ha sido tan difícil, tan doloroso, tan aterrador. No sé si pueda seguir adelante. No sé como persona alguna pueda seguir adelante a la luz de lo que estoy enfrentando».

Dios sabe. Y va por delante obrando a tu favor.

Él está preparando el camino, limpiando el sendero, peleando las batallas, poniendo al expuesto las trampas, minando los diamantes, todo porque te ama.

Ve a la velocidad de Dios

Si todavía estás renuente a creer esta promesa de la Palabra de Dios, entonces recuerda a Elías. Sospecho que él sintió todas las emociones que tú estás sintiendo y pensó muchos de los mismos pensamientos desesperados. Él era alguien que caminaba con Dios, confiaba en Dios y conocía el poder de Dios, sin embargo, Elías luchaba con su fe. Cuando consideramos el panorama general de la vida de Elías, sin embargo, y vemos su manto de ímpetu espiritual, entonces podemos ver la mano de Dios sobre él.

Jezabel juró por sus dioses que Elías moriría dentro de 24 horas. Pero luego las 24 horas llegaron y pasaron, y Elías no murió. Luego pasaron 48 horas, y después 72 horas y 96 horas, y ahora, 2.800 años después, ¡Elías todavía no ha muerto!

¿Qué quiero decir con eso? Jezabel aseveró que ella mataría a Elías, o moriría tratando de hacerlo, pero, ¿qué crees? Elías vivió mucho tiempo después de que Jezabel hiciera su última amenaza o adorara a su último ídolo. Eventualmente, ¿cómo murió Elías? *¡No murió!* «Mientras iban caminando y conversando, de pronto apareció un carro de fuego, tirado por caballos de fuego. Pasó entre los dos hombres [él y Eliseo] y los separó, y Elías fue llevado al cielo por un torbellino» (2 Reyes 2:11 NTV).

117

¿Lo puedes creer? Jezabel no solo no mató a Elías, sino que él nunca murió. Y no solo está el hecho de que no murió, sino que, adivina quién apareció en el Monte de Transfiguración con Jesús siglos después. Elías. No solo no murió, sino que apareció con Jesús en el lugar alto (ver Mateo 17:2-3).

Así que hagamos una pausa por un momento y regresemos a lo que te está inquietando y causando que vayas más lento. No importa lo pesado que se sienta o lo abrumador que parezca, estoy aquí para decirte que sea lo que Jezabel haya declarado sobre ti y tu familia, nunca llegará a suceder. Dios ha ido delante de ti y justo lo opuesto sucederá.

Sea lo que el infierno haya declarado sobre tu salud, lo opuesto sucederá.

Sea lo que las fuerzas del infierno hayan declarado sobre tu ministerio, lo opuesto sucederá.

Sea lo que el enemigo haya declarado para frenar tu ímpetu, lo opuesto sucederá.

Aquí en la tierra, la Tercera Ley del Movimiento de Newton, del cual se ha derivado la ley de la conservación del ímpetu, nos dice que, «por cada acción, hay una reacción equivalente y opuesta». Pero permíteme decirte la Promesa de Dios del Movimiento Espiritual: «Por cada amenaza, intento, tentación o trampa del enemigo, Dios no solo te proveerá un camino para salir adelante, sino que te bendecirá por confiar en Él y perseverar».

¿Y qué significa esto exactamente? Significa que no te estás deteniendo; apenas has comenzado.

Significa que no es demasiado tarde; es tiempo de continuar.

Significa que no te vas a morir; vas a vivir.

Significa que no vas a fracasar, vas a prosperar.

Significa que no vas para abajo; vas para arriba.

Significa que tu familia no se perderá; tu familia se salvará.

Tu enemigo no tomará a esta generación. Esta generación dará entrada al mayor despertar espiritual que jamás hemos visto.

¿Por qué? Porque cuando o el cielo lo inicia, el infierno no lo puede parar.

Permíteme hablar metafóricamente, con una contextualización para el siglo 21. ¿Cuántas veces ha puesto el infierno una foto de ti donde te ves derrotado en su cuenta de Instagram infernal, y luego ha tenido que quitarlo porque resultó ser un caso de identidad equivocada? ¿Cuándo se ha borrado temporalmente tu memoria, solo para descubrir que tienes un respaldo de datos divino? ¿Cuántas veces ha Dios reiniciado tu vida cuando el enemigo te ha infectado con un virus?

Si te estás preguntando por qué todavía estás aquí, entonces debes darte cuenta de que lo que llevas es más grande que el proceso por el cual estás pasando. Lo que Dios ha puesto *en* ti es más grande que lo que el diablo ha puesto delante de ti. El manto de ímpetu espiritual que el Señor ha puesto sobre ti te llevará arriba, por encima, alrededor y a través de todo obstáculo que el enemigo use para causar que vayas más lento. Vas a la velocidad de Dios, no a la velocidad de la vida.

Lo que el enemigo ha enviado para destruirte, Dios lo usará para desarrollarte.

El enemigo tiene un plan destructivo; Dios lo transformará en Su proyecto de desarrollo.

Estás aquí porque la sangre sobre ti es mayor que la batalla delante de ti.

Estás aquí porque tú y tu familia están cubiertos por la sangre de Jesús.

Estás aquí... ¡porque venciste a Jezabel!

Y venciste a Jezabel...

No por tus propias fuerzas

No por tu cuenta bancaria.

No por tu afiliación política.

No por tu teología.

No por tu personalidad.

No por tus dones.

No por tu presencia en las redes sociales.

No por lo que escribes en Facebook.

No por lo que pones en Twitter.

No por tus «selfis».

Y no por tu inteligencia mental, tu inteligencia emocional o tu inteligencia militar.

Venciste por la sangre del Cordero y la palabra de tu testimonio (ver Apocalipsis 12:11). Así es. Tienes algo que Elías no tuvo: estás cubierto con la sangre del Cordero, Jesucristo, el único Hijo de Dios que murió en la cruz para pagar el precio por tus pecados de una vez por todas. Si Elías pudo salir adelante sin la sangre, ¡imagina lo lejos que tú llegarás!

Te desafío a confrontar a Jezabel y decirle: «No puedes penetrar la sangre del Cordero».

Te desafío a mirar a Acab y decirle: «No puedes penetrar la sangre del Cordero».

Te desafío a mirar a Baal y a tus otros ídolos y decirles: «No pueden penetrar la sangre del Cordero de Dios».

Prepárate para comprobar que el diablo está equivocado.

Prepárate para causar que Jezabel sea una mentirosa.

Tu testimonio es prueba de que el diablo es mentiroso.

Estás cubierto por la sangre derramada por Jesucristo en la cruz del Calvario. Tu ímpetu espiritual depende de lo que Él ya ha hecho, lo que está haciendo, y lo que hará en tu vida. Tu travesía prosigue con el combustible de la Palabra de Dios, y el motor de Su Espíritu Santo la conduce.

Su sangre está sobre ti.

Su Espíritu está dentro de ti.

Su Palabra va delante de ti.

El bien y la misericordia y señales y maravillas te siguen.

¿Dónde estás en este momento? ¿Cómo llegaste a este punto en tu vida? ¿Qué hizo Dios cuando fue delante de ti y abrió camino para que pudieras estar aquí mismo, ahora mismo, leyendo estas palabras con tus mismos ojos?

Porque tienes algo más que el manto de ímpetu espiritual: *tienes al Creador de Mantos.*

Jezabel perdió su oportunidad. El infierno perdió su oportunidad. El diablo ha fallado porque sigues con tu mano en el arado. No le estás dando al diablo conversación. Dios te ha dado las herramientas para vencer al enemigo sin tener que frenar.

Tu oración detendrá al enemigo.

Tu alabanza a Dios confundirá al enemigo.

Tu paz lo paralizará.

Tu integridad lo desarmará.

Y tu resistencia causará que huya.

Tienes el manto de Dios sobre tus hombros, así que no tengas temor de usarlo.

Dios ha establecido el ritmo de tu ímpetu espiritual. Lo único que tienes que hacer es seguir caminando por fe cada día, pisada por pisada, paso por paso.

No permitas que nada te fuerce a frenar, mi amigo.

¡Sigue adelante con la bendición de Dios!

Empuja tu arado, conoce tu manto

Los corredores saben que tienen que nutrirse bien y siempre estar hidratados para mantener sus niveles de energía, su velocidad e ímpetu. Los seguidores de Jesús también necesitan sustento para correr la carrera de la fe a un ritmo constante de fuerte ímpetu espiritual. Es por eso que es tan importante leer y estudiar la Palabra de Dios, orar y pasar tiempo a solas con el Señor, adorar y alabarle, servir y tener comunión con otros creyentes. Para crecer en nuestra fe, todos necesitamos los nutrientes vivificantes de la verdad, el amor, la paz y el gozo.

Usa las siguientes preguntas como una forma de tomar una breve pausa para refrigerio espiritual. Después de tomar algunos minutos para contestarlas y posiblemente anotar tus respuestas, pasa tiempo en silencio en oración. Piensa en lo lejos que el Señor te ha traído y a dónde ves que te está llevando ahora. Dale las gracias por lo que Él ha hecho y cómo ha provisto para ti, y expresa tu confianza de que Él te ayudará a seguir avanzando.

1. Piensa en un tiempo cuando has experimentado ímpetu físico en tu vida diaria. ¿Cuándo iniciaste un proyecto o perseguiste una meta y a medida que lograbas más y más, iba aumentando tu ímpetu?

2. ¿Has experimentado un aumento de ímpetu espiritual en tu vida? ¿Qué contribuyó a esa temporada de crecimiento, cercanía a Dios y madurez? ¿Cómo viste a Dios obrar durante ese tiempo? ¿Cómo te motivó tu conciencia de Su presencia y poder en tu vida a seguir adelante?

3. ¿A qué barreras te has enfrentado recientemente que te han frenado espiritualmente? ¿Cómo te han hecho sentir? ¿Cómo te está dando el Espíritu de Dios un segundo aire para seguir adelante en este momento?

Querido Señor, estoy tan agradecido por las maneras en que me guías y diriges mis caminos. ¡Te alabo y te doy las gracias por el don de Tu Espíritu Santo dentro de mí! Ayúdame a seguir la dirección de Tu Espíritu Santo sin quedar atrás y sin correr delante, para que vaya según la velocidad perfecta y santa y no la mía. Recuérdame que soy vencedor y que no tengo que frenar cuando las Jezabeles hacen amenazas vacías o cuando tengo temor. Dame tu paz que sobrepasa el entendimiento y el poder de Tu Espíritu para que pueda seguir caminando en las pisadas de Jesús cada día. Amén.

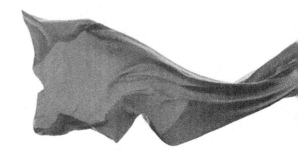

6

Sujeta y corre

A menudo esperamos que Dios conteste nuestras preguntas mientras Dios está esperando que estemos listos para Su respuesta. ¡Su poder profético siempre supera nuestros tiempos patéticos!!

Ciertas fuerzas irracionales que demandaban mi devoción fanática comenzaron a presionarme a una edad muy temprana. Estos grupos poderosos a menudo portaban los colores negro y dorado o verde y plateado, con una variedad de números y nombres que adornaban sus prendas. No, no se trataba de una batalla de denominaciones ni guerra espiritual. Al menos, no creo que tal fuera el caso.

Mi lucha simplemente era el resultado de pasar mis años de crianza en Bethlehem, Pensilvania, en la década de los 70 y principios de los 80, donde los equipos deportivos favoritos de uno estaban predeterminados geográficamente. Pero no era siempre tan sencillo: factores sociales y económicos también tenían mucho peso en nuestras elecciones.

La dicotomía era clara. Para los residentes de Pensilvania, los equipos profesionales de los deportes tenían su sede o en Pittsburgh, conocida como la «Ciudad de Hierro» en la esquina occidental del estado, o Filadelfia, la histórica «Ciudad de Amor Fraternal» en la esquina oriental. Pittsburgh tenía a los «Steelers», una dinastía legendaria de la Liga de Fútbol Nacional que gozaba de múltiples victorias del Súper Tazón, junto con el equipo de béisbol «Pirates» de las ligas mayores y los «Pinguins» que pertenecían al Liga Nacional de Hockey. Los fans de Pittsburgh, en particular los que eran devotos de los Steelers, tendían a reflejar más a la demografía de familias que pertenecían a la clase obrera.

Filadelfia, por el otro lado, tenía más equipos —en el fútbol estaban los «Eagles», en el béisbol los «Phillies», en el hockey los «Flyers» y en la Asociación Nacional de Básquetbol, los «76ers»— y atraían mayormente a las familias más urbanas de la Costa Oeste. Yo crecí a unas sesenta millas del norte de Filadelfia, lo cual significaba que debía apoyar a sus equipos. Mi pueblo, Bethlehem, sin embargo, había ocupado el segundo lugar en la producción de hierro en nuestro país por varias décadas, lo cual significa que tenía más en común con la ciudad que más a menudo quedaba en el primer lugar de producción del hierro, Pittsburgh.

Bethlehem también atraía a una gran población inmigrante de obreros de fábricas y la acería. Personas de Polonia, Eslovaquia, Ucrania e Italia eran prevalentes junto con una variedad de otros lugares internacionales. Mi familia había emigrado de Puerto Rico y se había establecido en Bethlehem porque mi papá había encontrado trabajo en la línea de ensamble de las camionetas Mack. Todo esto es para decir que crecí en una ciudad con una actitud más de Pittsburgh, aunque solo vivía a una hora de la histórica Filadelfia.

Una vez que tuve edad suficiente para decidir por mí mismo, gravité a disfrutar un equipo de fútbol de Pensilvania más que el otro, pero por una razón que me imagino los fans poco consideran como el criterio que ellos usarían para decidir. (No diré cuál equipo con la esperanza de no recibir textos y mensajes airados de fans del otro equipo, ¡incluyendo algunos de mis parientes!). Escogí a mi equipo favorito debido a cómo el mariscal de campo anunciaba las jugadas.

Aunque eso parezca una razón suficiente para muchos fans del fútbol, no fue la brillante estrategia o la habilidad del mariscal de campo de leer la defensa del equipo opuesto y cambiar la jugada al último momento lo que me llamó la atención. Fue la lista idiosincrática, indescifrable e imaginativa de números, nombres y disparates que armaban para tal o cual jugada, que terminaba sonando a algo como esto: «Ohio—¡42!—¡16!—Azul—¡84!—¡Nueva York!—¡Hamburguesa!—¡Hamburguesa!». Si has jugado o visto juegos de fútbol, entonces sabes de qué estoy hablando. La meta del mariscal del campo es disfrazar la jugada, confundir a la defensa del oponente y ser escuchado en la línea de golpeo. Los miembros de su propio equipo saben cuáles palabras o números indican la jugada que realmente están por hacer, y los demás simplemente tienen el propósito de confundir al equipo opuesto.

Una cosa del que eventualmente me di cuenta acerca de los gritos urgentes e insensatos de mi mariscal de campo favorito era que entre más largo y complejo era su anuncio, por lo general más sencilla era la jugada.

Un pase rápido al corredor por el centro podría sonar como el discurso de *Gettysburg*. Un pase de corta distancia podría consistir en puras insensateces revueltas con un pedido de comida rápida.

Admito que probablemente soy uno de un pequeño número de fans que llegó a disfrutar las llamadas creativas de las jugadas tanto como las jugadas mismas. Pero una vez que llegué a ser creyente, vi una similitud impresionante: a menudo, las instrucciones que recibimos de Dios parecen no tener sentido en el momento para los que están en nuestro derredor, pero cuando cumplimos obedientemente esas instrucciones, nuestro enemigo queda frustrado y el Reino de Dios avanza. Las palabras de Dios posiblemente no parezcan lógicas o racionales para otros, pero Sus seguidores que han sido ungidos saben que estas avanzarán más Su voluntad en sus vidas.

Este indudablemente fue el caso con Elías después de la confrontación sacrificial.

Después de tres años de sequía, la lluvia prometida por Dios estaba a punto de comenzar.

Elías le dijo a Acab que regresara a casa en Jezreel, y luego él corrió en frente del carro del rey.

Para ganar esta carrera, Elías tuvo que sujetar y correr.

Retraso de la lluvia

Recordarás que después del concurso para ver quién prendía fuego al sacrificio entre los profetas de Baal y Elías, los resultados quedaron más que claros. Mientras que los adoradores de los ídolos pasaron la mayor parte del día orando sin ver la primera chispa, Elías oró y cayó fuego santo del cielo inmediatamente y consumió todo, incluyendo el agua y la tierra cerca del sacrificio y el altar. El contraste no pudo haber sido más fuerte.

Luego, Elías hizo matar a todos los profetas y le dijo al rey Acab que después de la sequía tan terrible Dios estaba a punto de enviar lluvia. Elías le dijo al rey que comiera y bebiera mientras el profeta iba a la cumbre del Monte Carmelo donde se inclinó ante el Señor y oró. Sin tiempo para recuperar el aliento después de la exhibición milagrosa y fogosa de la presencia y poder de Dios, Elías se preparó para el siguiente milagro, la lluvia tan esperada para restaurar la tierra y a su pueblo:

—Ve y mira hacia el mar —le ordenó a su criado. El criado fue y miró, y dijo: —No se ve nada.

Siete veces le ordenó Elías que fuera a ver, y la séptima vez el criado le informó: —Desde el mar viene subiendo una nube. Es tan pequeña como una mano.

Entonces Elías le ordenó: —Ve y dile a Acab: «Engancha el carro y vete antes de que la lluvia te detenga».

Las nubes fueron oscureciendo el cielo; luego se levantó el viento y se desató una fuerte lluvia. Y Acab se fue en su carro hacia Jezrel. Entonces el poder del Señor vino sobre Elías, quien se ajustó el manto con el cinturón, se echó a correr y llegó a Jezrel antes que Acab.

1 Reyes 18:43-46

Como suele suceder con las Escrituras, encontramos muchas capas empacadas en un pasaje relativamente corto. Uno de los primeros aspectos de esta historia que sobresale es el retraso de la lluvia... o al menos un retraso desde una perspectiva terrenal. Sin duda, después de que Dios hubiera contestado instantáneamente la oración de Elías, enviando una llama para

129

consumir el altar, el buey, la zanja alrededor del altar y casi una docena de cántaros de agua que habían empapado todo, era razonable esperar que el Señor produjera la lluvia tan necesitada de la misma manera.

Elías había llegado a reconocer que el Señor era más que capaz de obrar en un abrir y cerrar de ojos. Después de la respuesta abrasadora solo un poco antes, Elías posiblemente haya hecho lo mismo que tú yo probablemente hubiéramos hecho, que es suponernos que la siguiente fase funcionaría de la misma manera. Después de todo, Elías ya le había dicho a Acab: «Vete a comer y a beber algo, porque oigo el rugido de una tormenta de lluvia que se acerca»(versículo 41).

Toma nota de que no había ninguna cualificación, salvedad o garantía con respecto a cuándo y dónde la lluvia llegaría. Aparentemente, Elías ya la podía escuchar; si no de manera literal entonces espiritualmente a causa de su fe implícita en la promesa y el poder de Dios.

El nivel de certidumbre parece lo suficientemente lógico, nuevamente, después de lo que acababa de ocurrir. De otra manera, posiblemente sería más acertado o de más ayuda decirle al rey: «Dios ha prometido enviar lluvia ahora, así que debe llegar dentro del tiempo que Él decida». Pero eso no es lo que Elías hizo, aunque su confianza en el Todopoderoso seguramente estaba en su punto máximo.

Lo cual solo destaca más la escena que siguió. Porque el aguacero no empezó justo en ese momento. Al contrario, Elías fue y oró en la cumbre de la montaña y envió a su siervo a ver el cielo. No una, ni dos, sino *siete* veces, Elías le dijo a su siervo que regresara a mirar hacia el mar para ver si había señal de lluvia. Cualquier señal, no una gran tormenta o chubasco, sino cualquier indicación. Y el hecho de que seguía enviando a su siervo una y otra vez pudo haber dejado al siervo preguntándose qué era lo que estaba pasando. Él, también, había visto lo que Dios había hecho a través de su señor, Elías, pero luego cada vez que el siervo iba al punto de observación y miraba hacia el mar, no había nada. El cielo se veía azul y claro. Ni una sola seña de lluvia.

Hasta que, *finalmente*, a su séptimo regreso, el siervo logró ver algo: «Una pequeña nube, como del tamaño de la mano de un hombre, que sale del mar». No era precisamente la gran cantidad de nubes oscuras cargadas de lluvia que probablemente estaba buscando. Sin embargo, reportó fielmente lo que había visto a Elías, quien consideró que esta pequeña nube era más que suficiente. Más que suficiente para comenzar el aguacero que le había pedido a Dios que enviara, más que suficiente para rociar las primeras gotas de agua en más de tres años, más que suficiente para advertir al rey que empezara a ir rumbo a casa antes de que su carro quedara atascado en el lodo.

Toma nota de que Elías no verificó lo que su siervo le dijo, sino que aceptó su informe como verídico. Su confianza nos recuerda que debemos rodearnos de personas que están dispuestas a ir y buscar nubes con lluvia una y otra vez. Las personas en quienes podemos depender comparten nuestro compromiso de servir a Dios. Personas de quienes nunca dudamos cuando proveen información. Personas que saben que bien vale informar acerca de una pequeña nube.

A pesar de haber visto lo dramáticamente que Dios podía revelarse en sus milagros, Elías también había sido testigo de la manera en que el Señor frecuentemente usa solo poco para hacer mucho. Lo había visto cerca del arroyo de Querit, cuando los cuervos traían cada día el alimento justo para el profeta, ni demasiado ni demasiado poco, sino la cantidad justa. Lo había visto con la viuda que había conocido en Sidón, una mujer de fe que ya solo contaba con su última gota de aceite y una mínima cantidad de harina, pero nuevamente, justo lo suficiente para producir suficiente pan para ella, su hijo y su huésped día tras día tras día. Así que, cuando Elías escuchó de su siervo que una nube del tamaño de una mano de hombre se había visto, el profeta sabía que esta pequeñez era más que suficiente para que Dios enviara fuertes vientos y una lluvia torrencial.

¡Y de hecho lo era! Porque «Poco después el cielo se oscureció de nubes. Se levantó un fuerte viento que desató un gran aguacero» (1 Reyes 18:45 NTV). Desde esa diminuta nube vista por un siervo hasta una tormenta amenazante que causó que el rey rápidamente se subiera a su carro para llegar a casa, Dios nuevamente había cumplido Su promesa de acuerdo con Su perfecta voluntad y sabiduría. Toma nota del contraste, también, entre Elías —quien dijo que podía oír la lluvia venir mucho antes de que llegara— a Acab, quien no hizo nada para prepararse hasta que se desató la lluvia.

Luego en una secuencia de milagros tipo dominó, encontramos uno más. Después de que Acab partiera en su carro rumbo a Jezrel, Dios hizo algo más que fue asombroso: «Entonces el SEÑOR le dio una fuerza extraordinaria a Elías, quien se sujetó el manto con el cinturón y corrió delante del carro de Acab todo el camino, hasta la entrada de Jezreel» (versículo 46 NTV).

Cuando menos es más

Encuentro que este milagro subestimado es uno de los más intrigantes en toda la historia de Elías. Ya que también soy corredor, me asombra considerar que un humano pueda correr más rápido que un carro de caballos. Los eruditos de la Biblia e historiadores nos dicen que la mayoría de los carros en el Medio Oriente en los tiempos antiguos eran guiados por cuando menos dos caballos. Y aunque los caballos del rey estaban jalando el carro con cuando menos dos personas, Acab y el que estaba conduciendo el carro, sin duda que eran caballos fuertes y rápidos que estaban acostumbrados a galopear a una velocidad rápida, particularmente en una instancia en la que el rey estaba tratando de ganarle a la lluvia.

¡Pero estos caballos majestuosos no podían competir con el profeta, a quien Dios había dado el poder de ser sobrenaturalmente veloz! ¿Te puedes imaginar a Acab, acomodado en su carro, ansioso de llegar a casa para no estar en la tormenta, posiblemente preguntándose por qué no había partido antes, cuando repentinamente ve a un hombre correr rápidamente y sobrepasar su carro real? *No es posible que un hombre pueda correr tan rápido*, debió haber pensado Acab, pero luego, cuando miró de nuevo, el rey se hubiera dado cuenta de que no solo era un hombre que corría más rápido que su carro: ¡era Elías, quien él había dejado atrás en el Monte Carmelo!

No importa en qué condiciones físicas tan excelentes estuviera el profeta de Dios, tal hazaña requería fuerza, resistencia y apoyo, los cuales el poder del Señor había provisto. Ganar una carrera tan extraordinaria, sin embargo, también requería la cooperación total de Elías. Él sabía que no podía correr la carrera delante de él hasta que sujetara su manto con su cinturón.

Si no lo hubiera sujetado, su prenda suelta se hubiera enredado con sus piernas. Sería como tratar de correr un maratón a tu velocidad personal máxima en una bata de baño que llega al piso. Obviamente, los corredores más serios se visten con lo menos posible para que no haya nada que limite su movimiento total. Entre menos ropa, menos peso y menos fricción.

En los días de Elías, correr era un medio normal de transportación, no una manera popular de mantenerse en buena condición física. Su preparación fue probablemente tanto un asunto de sentido común así como anticipación por lo que Dios estaba haciendo. Curiosamente, el hecho de que el profeta sujetara su manto antes de echarse a correr provee una ilustración de la amonestación metafórica que el apóstol Pablo dio muchos siglos después: «Por lo tanto, ya que estamos rodeados por una enorme multitud de testigos de la vida de fe, quitémonos todo peso que nos impida correr, especialmente el pecado que tan fácilmente nos hace tropezar. Y corramos con perseverancia la carrera que Dios nos ha puesto por delante» (Hebreos 12:1 NTV).

Los ejemplos de Elías y Pablo todavía se aplican a nosotros hoy.

Cuando Dios da Sus directivas y nos da poder para hacer lo imposible, tenemos que hacer nuestra parte para obedecer. No tenemos que descifrar mensajes que están en código como los jugadores de fútbol que están en la línea de golpeo. Simplemente tenemos que aquietar nuestros corazones delante de Dios, estar en espera hasta escuchar el susurro de la voz del Espíritu, y hacer lo que Él nos pida que hagamos.

Sujeta ahora para que no tropieces después

Aunque comparto esta verdad de diferentes tiempos y contextos, tanto Elías como Pablo nos hacen recordar correr la carrera de la fe con la menos cantidad de fricción posible. Aunque la carrera de Elías es literal y la de Pablo es simbólica, la lección sigue siendo sorprendentemente relevante para los seguidores de Jesús en nuestro mundo hoy. El profeta sujetó su manto con su cinturón antes de poner un pie delante del otro y experimentar el ímpetu físico para igualar el ímpetu espiritual que ya estaba en movimiento. Elías sabía bien que no debía comenzar, aunque el Señor le había dado el poder, sin antes hacer lo que se tenía que hacer para evitar tropezar y caer.

Muchas personas se tropiezan con su propios mantos después de recibir sus mantos de promoción. Hacen el duro trabajo que Dios ha puesto delante de ellos, empujando sus arados fiel y obedientemente mientras perseveran, y reciben las bendiciones de más recursos que administrar. Pero luego, humillados y emocionados, se sienten a la vez sobrecogidos e imparables a medida que comienzan a avanzar hacia el siguiente nivel que el Señor tiene para ellos. Para empeorar el asunto, asumen confianza y toman el crédito por lo que el Señor ha hecho a través de ellos. Y luego, repentinamente, se tropiezan y caen, por no haberse preparado mental, emocional y físicamente para manejar los nuevos dones que Dios ha derramado en ellos.

O, en otro caso común, cuando Dios no les contesta o concede sus peticiones inmediatamente, paran todo, pensando que deben esperar en los tiempos propicios de Dios, cuando en realidad ¡Él está esperando que maduren lo suficiente para sujetar sus mantos y correr!

He visto a un número de personas tropezar con su propia unción... y yo también casi me he tropezado en varias ocasiones. Es más, estoy convencido de que esta es la razón por la cual frecuentemente hacemos peticiones pero nuestras oraciones no son contestadas. Servimos diligentemente y luego experimentamos la bendición de Dios cuando nos da Su manto de promoción. Pero cuando nuestras expectativas no se cumplen, nos volvemos impacientes y nos sentimos confundidos y desilusionados. Cuando lo que pensamos que es lo siguiente que ocurrirá *no* es lo siguiente que ocurre, o forzosamente nos adelantamos para causar que suceda o tememos movernos, preocupados que de alguna manera no hemos entendido bien o que hemos tomado el paso equivocado. En ambos casos, nos enfocamos en nosotros mismos en vez de nuestra voluntad de confiar en Dios completamente y de todo corazón.

Él quiere que seamos capaces de manejar aquello que estamos pidiendo antes de dárnoslo. Dios está esperando que maduremos y demostremos que podemos manejar la unción que creemos que estamos listos para experimentar.

El Señor está esperando que exhibamos la madurez, los medios, la fortitud y la perspicacia requerida para manejar los dones que Él quiere que tengamos.

¿Y cómo sabemos si estamos madurando espiritualmente? Pablo dijo que él sabía que estaba madurando en Cristo cuando las cosas que antes le molestaban ya no le perturbaban. Las circunstancias, situaciones y acusaciones que anteriormente le habían causado incomodidad y sufrimientos eventualmente se convirtieron en razones por las cuales Pablo se jactaba de la fuerza y el poder de Dios en medio de sus propias debilidades. Él explicó:

Cinco veces recibí de los judíos los treinta y nueve azotes. Tres veces me golpearon con varas, una vez me apedrearon, tres veces naufragué, y pasé un día y una noche como náufrago en alta mar. Mi vida ha sido un continuo ir y venir de un sitio a otro; en peligros de ríos, peligros de bandidos, peligros de parte de mis compatriotas, peligros a manos de los gentiles, peligros en la ciudad, peligros en el campo, peligros en el mar y peligros de parte de falsos hermanos. He pasado muchos trabajos y fatigas, y muchas veces me he quedado sin dormir; he sufrido hambre y sed, y muchas veces me he quedado en ayunas; he sufrido frío y desnudez. Y, como si fuera poco, cada día pesa sobre mí la preocupación por todas las iglesias. Cuando alguien se siente débil, ¿no comparto yo su debilidad? Y, cuando a alguien se le hace tropezar, ¿no ardo yo de indignación? Si me veo obligado a jactarme, me jactaré de mi debilidad.

2 Corintios 11:24-30

El mismo estándar para evaluar la madurez espiritual se aplica a ti y a mí. Cuando las cosas que antes te ponían nervioso ya no afectan tus nervios, entonces estás madurando. Cuando las personas que antes podían impedir que dejaras de perseguir tu destino con una sola palabra pierden su poder para frenarte, entonces estás madurando. Cuando los deseos carnales que antes te llevaban a situaciones pecaminosas ya no tienen la habilidad de hacerte caer, entonces estás madurando. Cuando puedes decirles no a las tentaciones a las que antes cedías, entonces estás madurando.

Cuando estás dispuesto a sujetar tu manto, aquel por el cual trabajaste tan duro para ser digno de recibirlo, el manto por el cual araste con perseverancia para obtener, entonces verdaderamente estás dispuesto a ser usado por Dios. Con demasiada frecuencia, permitimos que posiciones, ministerios, iglesias, títulos, logros y recursos provistos por Dios nos definan. En nuestro deseo de reorientarnos a las nuevas responsabilidades que vienen con nuestros mantos, a menudo los portamos como símbolos de estatus, medallas de honor santas para que otros las vean, accesorios espirituales que exhiben nuestro estatus o estatura.

Tu manto de promoción no es ninguna de esas cosas. No te otorga una posición especial con Dios, sino refleja lo que ya está. Mantén en tu mente que el manto de Elías no era meramente una pieza de tela, algo que se podía descartar, perder o ignorar. No, su manto era un símbolo de poder profético, un textil visual y tocable que testificaba de la presencia y el poder de Dios en la vida de Elías. Toma nota del papel significante que su manto desempeñó cuando Elías pasó su autoridad profética a su sucesor Eliseo:

> Luego Elías dobló su manto y con él golpeó el agua. ¡El río se dividió en dos y ambos cruzaron sobre tierra seca! Cuando llegaron al otro lado, Elías le dijo a Eliseo: —Dime qué puedo hacer por ti antes de ser llevado.
>
> Y Eliseo respondió: —Te pido que me permitas heredar una doble porción de tu espíritu y que llegue a ser tu sucesor.
>
> —Has pedido algo difícil—respondió Elías—. Si me ves en el momento en que sea llevado de tu lado, recibirás lo que pediste; pero si no me ves, no lo recibirás.
>
> Mientras iban caminando y conversando, de pronto apareció un carro de fuego, tirado por caballos de fuego. Pasó entre los dos hombres y los separó, y Elías fue llevado al cielo por un torbellino. Eliseo lo vio y exclamó: «¡Padre mío! ¡Padre mío! ¡Veo los carros de Israel con sus conductores!». Mientras desaparecían de su vista, rasgó su ropa en señal de angustia.
>
> Entonces Eliseo tomó el manto de Elías, el cual se había caído cuando fue llevado, y regresó a la orilla del río Jordán. Golpeó el agua con el manto de Elías y exclamó: «¿Dónde está el Señor, Dios de Elías?». Entonces el río se dividió en dos y Eliseo lo cruzó.
>
> 2 Reyes 2:8-14 NTV

Toma nota de cómo Elías protegió el manto que representaba su unción para la próxima generación. Lo dejó atrás para que su discípulo, Eliseo, lo pudiera recoger y asumiera la autoridad simbólica que llevaba. Así que ese día cuando Elías sujetó su manto con su cinturón antes de correr para llegar antes que Acab a Jezrel, no solo estaba enfocado en viajar libre de cargas: Elías estaba protegiendo su manto para la próxima generación.

Cuando te pones el manto de la promoción de Dios en tu propia vida, tú también tienes que darte cuenta de que estás ejerciendo tu mayordomía de tu autoridad profética para los que siguen detrás de ti. No solo es asunto de lo que sea necesario o cómodo para ti en el momento al completar la misión o correr una carrera específica. Es la mayordomía de lo que Dios está haciendo para los que hereden tu manto. Nunca dejes atrás tu manto una vez que inicies tu carrera; has arado demasiado duro y esperado demasiado tiempo. Al contrario, ¡sujétalo con tu cinturón y comienza a correr!

Los que empiezan tarde terminan primero

Aun cuando has visto al Señor hacer demostraciones milagrosas, increíbles y asombrosas de Su poder, provisión y propósito en tu vida, es posible que sigas tentado a hacer pretextos que te impiden experimentar todo lo que Él tiene para ti. Incluso cuando tu unción ha facilitado milagros en las vidas de otros, puede que de todas maneras titubees cuando la próxima oportunidad ocurra. Aun cuando te has dedicado y comprometido en todas las áreas de tu vida a servir a Dios, puede que todavía te sientas cansado, sacudido e inseguro de que hayas oído correctamente Su próxima misión para tu vida.

Uno de los pretextos más grandes cuando estás enfrentando a adversarios que están mejor capacitados, tienen más y mejores recursos y están mejor preparados es que es demasiado tarde. Posiblemente tengas una idea para un nuevo ministerio, y luego ves a otros hacerlo con más recursos económicos, más atención y más éxito. Pero si Dios te llama a hacer algo, ¡nada de eso importa! Posiblemente estés intentando iniciar una nueva amistad, pero continuamente te comparas con otros y te sientes menos. Posiblemente una enfermedad física o una herida te ha dejado débil e inseguro de si jamás volverás a recuperar la fuerza y la salud que has perdido.

En vez de confiar en Dios y recibir Su poder, dices: «Es demasiado tarde. Sé que nada es imposible para ti, Señor, pero yo simplemente no puedo hacer esto. Estoy demasiado enfermo, demasiado temeroso, demasiado vulnerable, demasiado cansado». O posiblemente estés dependiendo de Dios y Su poder, pero no estás dispuesto a sujetar y correr. Tú mismo te predispones al fracaso, al permitir que tu manto te estorbe. Permites que tu unción sea más importante que Aquel que te ungió en primer lugar.

No sé si alguno de estos pensamientos pasó por la mente de Elías al acercarse las nubes de lluvia y comenzar a desatar un poderoso aguacero desde los cielos. Pero sí sé que este hombre hizo lo que Dios lo posicionó a hacer. Recibió el poder divino que Dios puso sobre él, luego sujetó su manto y se echó a correr. Elías no permitió que su inicio tardío impidiera que terminara primero.

Sí, Acab se fue antes de Elías.

Sí, Acab posiblemente ya se encontraba muchos kilómetros por delante de Elías.

Sí, Acab estaba en camino para llegar al destino primero.

Sí, Acab iba en un carro de caballos mientras que Elías iba a pie.

Pero ¿sabes qué?

¡Todos esos «sí» terrenales no se comparan con una sola unción celestial!

Dios escogió esta oportunidad para recordarnos que Sus caminos no son nuestros caminos. No importa qué clase de tecnología, maquinaria, aparatos, conveniencias o innovaciones estemos usando, nunca se pueden comparar con el puro poder del Señor que Él derrama en nuestras vidas.

Además de su inicio tardío, Elías también enfrentaba la enorme distancia desde el Monte Carmelo a Jezrel, que era alrededor de cincuenta kilómetros. Para obtener algo de perspectiva, los corredores que compiten en maratones corren la distancia de 42.195 kilómetros. El origen del maratón como un evento enfocado en esa distancia tiene sus raíces en la historia, que bien puede ser más ficción que verdad, de Fidípedes, un soldado griego a quien le dieron el encargo de correr desde el campo de batalla de su ejército cerca del pueblo de Maratón hasta Atenas, una distancia de aproximadamente 40.23 kilómetros, con el propósito de entregar el mensaje importante de que los persas habían sido derrotados. Según la historia, él corrió sin parar desde Maratón hasta Atenas y en el momento de llegar, proclamó: «¡Victoria!» antes de desplomarse y morir.

Así que históricamente, los maratones comenzaron como conmemoraciones del viaje valiente de Fidípedes. Los dos kilómetros y fracción extra se agregaron a comienzos del siglo veinte, en respuesta a las peticiones de la realeza que querían ver el evento mejor. Si consideramos que la carrera de Elías con Acab hasta la residencia real probablemente tomó alrededor de ocho kilómetros más, ¡posiblemente debamos estar corriendo «jezreles» en vez de maratones!

El inicio tardío no impidió que Elías sujetara y corriera.

Lo largo del recorrido no impidió a Elías de hacer lo que otros probablemente nunca habían hecho.

Las condiciones del clima, terreno y falta de zapatos adecuados no impidieron que Elías corriera la carrera que Dios le había dado el poder para correr.

Aunque Acab tenía el poder de caballos, ¡Elías contaba con un motor angelical!

Sin cuidado y cuidadoso

Mi amigo, cuando Dios te empodera con Su llamado, nunca es demasiado tarde para sujetar y correr, sin importar lo largo del recorrido delante de ti. Puede que lo patético empiece antes que tú, pero lo profético siempre ganará. Puede que las tinieblas se adelanten, pero la luz siempre terminará primero. Puede que parezca que el infierno lleva la delantera, pero el cielo siempre cerrará la brecha y ganará la carrera cada vez.

Posiblemente pienses que tus acreedores ganarán la batalla por tu solvencia financiera, pero el poder de Dios proveerá y satisfará tus necesidades. Posiblemente el cáncer haya empezado primero, pero tus oraciones desatarán la sanidad de Dios para que tu salud gane la carrera. Posiblemente creas que los que te han traicionado han conseguido el ascenso, pero Dios no tiene favoritos en la oficina. Él empodera y bendice a quienes lo escuchan, creen en Él y le confían cada área de sus vidas.

No importa qué estés enfrentando, es hora de sujetar tu manto y correr más fuerte.

Cuando Dios está contigo, no importa que otros tengan caballos, carros de caballos, autos viejos en mal estado o autos de lujo. Tú correrás más rápido que todos ellos con el poder del Todopoderoso. Su Palabra nos dice: «Así que humíllense ante el gran poder de Dios y, a su debido tiempo, él los levantará con honor. Pongan todas sus preocupaciones y ansiedades en las manos de Dios, porque él cuida de ustedes» (1 Pedro 5:6-7 NTV).

Posiblemente ya estés cansado de esperar en Dios, pero Él nunca se cansará de ti. Puede que hayas dejado a Dios, pero Él nunca te dejará a ti. Puede que hayas dejado de creer en Dios. ¡Pero Él nunca ha dejado de creer en ti! ¡El te ha capacitado para tiempos como estos! Ahora mismo, estás a punto de recibir un nuevo derramamiento de Su Espíritu que te sostendrá para la próxima carrera que hay que correr.

Sí, otros tratarán de detenerte. Como hemos visto, el diablo te tratará de descarrilar y ridiculizar y destruir. Pero lo que el cielo ha lanzado, el infierno nunca puede detener. Aun si parezca tonto entrar a la carrera, sujetar y correr, o esperar cualquier cosa que sea mejor que el segundo lugar, es tiempo de confiar en Dios y correr. Me encanta cómo Pedro nos anima y aconseja cómo seguir adelante sin importar cuántos obstáculos podamos enfrentar:

> Sean prudentes y manténganse atentos, porque su enemigo es el diablo, y él anda como un león rugiente, buscando a quien devorar. Pero ustedes, manténganse firmes y háganle frente. Sepan que en todo el mundo sus hermanos están enfrentando los mismos sufrimientos, pero el Dios de toda gracia, que en Cristo nos llamó a su gloria eterna, los perfeccionará, afirmará, fortalecerá y establecerá después de un breve sufrimiento.
>
> 1 Pedro 5:8-11 RVC

Cuando corras la buena carrera en toda la extensión del poder divino que te ha sido legado, entonces podrás dejar los resultados a Dios. Puedes saber sin duda alguna que estás cambiando el futuro. La transparencia precede a la transformación. Líderes transparentes producen seguidores transparentes. Nunca tropieces sobre tu manto, porque otros heredarán su poder después de que hayas cruzado la línea de meta. Ellos harán cosas aun mayores debido a lo que tú estás haciendo ahora mismo, hoy.

Los que siguen detrás de ti vivirán vidas diferentes, mejores y más santas porque sujetaste tu manto y corriste la carrera de la fe dependiendo del poder de Dios y no el tuyo.

Los que te siguen no heredarán tus pecados: ¡heredarán tu manto!

Los que te siguen no heredarán tus errores: ¡heredarán tu manto!

Los que te siguen no heredarán tus deudas: ¡heredarán tu manto!

Dios ha estado esperando que madures para que puedas manejar el poder que viene con Su manto de promoción. Has empujado tu arado. Has sobrevivido la sequía y convocado al fuego. Has buscado la lluvia y la sentiste caer en tu rostro. Ahora es el tiempo de sujetar y correr... con el viento a tus espaldas y el glorioso futuro de Dios delante de ti.

Empuja tu arado, conoce tu manto

A medida que descubras más del manto de Dios para tu vida, también adquirirás experiencia y sabiduría para llevar este manto en una variedad de situaciones. Como Elías en su carrera contra Acab, encontrarás que necesitas sujetar tu manto en ocasiones para correr más rápido. Necesitarás rendir todo lo que has adquirido y que has tenido la bendición de administrar para que Dios te pueda usar para correr la carrera que de repente tengas por delante. Tu manto todavía está ahí, pero posiblemente no se exhiba de la manera que esperas.

Usa las preguntas a continuación para ayudarte a reflexionar en la carrera que actualmente estás corriendo y lo que significa para ti sujetar para poder correr más rápido en el poder del Espíritu de Dios. Más importantemente, pasa algunos minutos en oración y busca la voz de tu Padre. Pídele la fuerza, la resistencia y el sostén que necesitas para hacer lo que te está llamando a hacer. Luego sujeta lo que te haya hecho llevar hasta este punto para que tengas más movilidad y avances más rápidamente.

1. ¿Cuál ha sido la ocasión más reciente en que has quedado sorprendido por el tiempo de Dios, sea porque se movió inmediatamente o porque fue necesario que esperaras? ¿Qué te ha enseñado acerca de la perseverancia al esperar en Él? ¿Qué te ha enseñado acerca de llevar tu manto de poder profético y promoción?

2. ¿Cuándo se te ha requerido que perseveres repetidamente, tal como lo hizo el siervo de Elías al mirar al mar, para obtener un vistazo de lo que Dios te quería dar? ¿Cuándo se ha convertido «la pequeña nube» en tu vida en un aguacero de las bendiciones de Dios?

3. ¿Qué carrera estás corriendo actualmente que requiere poder sobrenatural para seguir? ¿En tus relaciones con otros? ¿Con tu familia? ¿Amigos cercanos y colegas? ¿En tu carrera o lugar de trabajo? ¿En tu iglesia o ministerio? ¿Qué significa para ti sujetar tu manto para que puedas correr esta carrera más rápido?

Querido Señor, perdóname por los pretextos que he inventado para no confiar en Ti o por las veces que he sido impaciente cuando en realidad Tú has estado esperando que yo madure. Estoy tan agradecido por las maneras en que has revelado Tu poder y presencia en mi vida... que yo nunca los pase por alto o los tome por hecho. A medida que me ayudas en mi transición de mi arado de perseverancia a mi manto de promoción, dame sabiduría en cuanto a cuándo sujetar y correr a pesar de las probabilidades en mi contra. ¡Sé que contigo todo es posible! Gracias por el poder para correr la carrera de fe, sabiendo que Tú has preparado el camino para mí para terminar y dejar un legado eterno para otros. Amén.

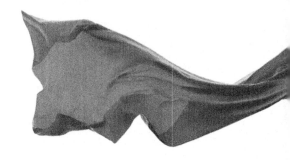

7

La salida de Gilgal

Cuando Dios te unge como Su hijo amado, ¡el dolor de tu pasado nunca puede comparar con el premio de tu futuro!

Algunos lugares simbolizan la intersección de eventos, relaciones personales, y acontecimientos parteaguas de formas que trascienden la latitud y la longitud. A mi esposa y a mí, por ejemplo, nos agrada regresar a ciertos restaurantes no necesariamente porque la comida sea tan deliciosa, sino porque nuestros recuerdos de haber estado allí cuando éramos novios siempre sazonan nuestras comidas en dicho lugar. Nuestros hijos a veces nos sorprenden por su deseo de regresar a lugares que aparentemente fueron especiales, incluso mágicos, para ellos durante su niñez, aun cuando su mamá y yo no recordamos nuestras visitas allí con el mismo agrado.

Hay una sensación de nostalgia al regresar a tales lugares; es una mezcla de recordar el pasado y trazar tu travesía hasta el presente con dicho lugar como plataforma de lanzamiento o una escala en el camino. Tales visitas de regreso han sido una práctica humana de maneras tanto seculares como sagradas por cientos si no miles de años. Muchos lugares así tienen belleza sin paralelo o distinciones naturales que los distinguen de los demás, tales como una montaña más alta que las demás en su alrededor, como el monte Denali, o el tamaño impresionante de los gigantescos árboles Redwoods en el Norte de California y el Noroeste Pacífico. La belleza y singularidad de estos lugares los hace memorables.

Otros lugares también atraen visitantes repetitivos no debido a sus características naturales, sino por los eventos que ocurrieron allí. Estos lugares tan atractivos conmemoran eventos históricos, tales como la Sala de la Independencia en Filadelfia, el destino de muchos de mis excursiones escolares cuando yo era muchacho. En nuestro país, posiblemente pienses en Plymouth Rock, Mount Vernon, la Casa Blanca y la Estatua de la Libertad. Otros lugares marcan el lugar donde se pelearon batallas o donde ocurrieron tragedias, tales como las costas de Normandía, donde las Fuerzas Aliadas llegaron el 6 de Junio de 1944 y lograron una gran victoria contra las fuerzas alemanas durante la Segunda Guerra Mundial, o Auschwitz, donde asesinaron a millones de prisioneros, mayormente judíos.

Todavía otros lugares a los que nos sentimos atraídos a volver a visitar son sitios donde ocurrieron eventos sagrados, milagros celestiales, profecías divinas y revelaciones. Poco tiempo después de la resurrección de Jesús y Su ascensión al cielo, muchos de Sus seguidores comenzaron a viajar a Jerusalén, Nazaret, Belén, el Monte de los Olivos y el Mar de Galilea. Querían ver los sitios donde Él caminó y habló, sanó a otros y se reveló a Sí mismo como el Mesías que se había prometido por tanto tiempo. Conscientes de que Dios literalmente había vivido como hombre en estos mismos lugares, expectantemente recorrían los mismos caminos, visitaban las mismas sinagogas, pasearon por Getsemaní, y adoraron en el Gólgota y la cueva que se cree que fue Su tumba por tres días.

Conforme se extendía el cristianismo, más y más visitantes visitaron Israel, que pronto llegó a ser conocida como la Tierra Santa, para ver los lugares donde Jesús había pasado Su tiempo en la Tierra. Ya para los tiempos medievales, los creyentes extendían sus viajes cuando era posible para trazar las rutas del apóstol Pablo y los demás discípulos de Cristo. Pronto los lugares de nacimiento, los lugares donde ministraban y las tumbas de otros santos venerados y reconocidos gigantes de la fe empezaron a atraer a visitantes también. Tales visitantes llegaron a ser conocidos como peregrinos y sus viajes anuales, peregrinajes.

Uno de los más famosos en el mundo es conocido como el Camino de Santiago, o como algunos lo conocen, simplemente el Camino. Ubicado en el noroeste de España, donde un número de rutas antiguas hacen intersección, esta red de caminos, antiguas vías y caminos romanos terminan en Galicia, en una catedral que se cree que contiene los restos del discípulo de Jesús, Santiago, (también conocido como Jacobo), el hijo de Zebedeo y el hermano del apóstol Juan. Según la leyenda, el cuerpo de Santiago fue llevado por barco desde Jerusalén a España, una tierra donde se cree que él evangelizó. Ya para la Edad Media, el Camino de Santiago era conocido como uno de los peregrinajes más importantes, quedando inmediatamente después de Jerusalén y Roma en cuanto a su importancia.

Aun antes de que los creyentes hicieran estos peregrinajes, sin embargo, la Biblia indica que algunos sitios fueron designados como sagrados por Dios Mismo. Tal es el caso de Gilgal, un lugar identificado en el Antiguo Testamento por varias razones significativas, incluyendo una visita de Elías a Eliseo. Como

Gilgal, ciertos lugares nos recuerdan dónde estábamos antes y a dónde Dios ahora nos está llevando.

Estos son lugares sagrados para dejar atrás el pasado para abrazar un glorioso futuro.

Piedras rodantes

A principios de la historia humana, Dios Mismo a veces designaba ciertos lugares como sagrados para el pueblo de Israel. Entre ellos figuraba Gilgal, que es donde Elías y Eliseo visitaron antes de que se despidieran: «Cuando el SEÑOR estaba por llevarse a Elías al cielo en un torbellino, Elías y Eliseo estaban en camino desde Gilgal» (2 Reyes 2:1 NTV).

Antes de que el Señor lo llevara a su hogar en el cielo, Elías visitó varios lugares espiritualmente significativos. Podríamos decir que fue una clase de peregrinaje de «los más grandes éxitos de Israel»; escalas mayores de gran significancia profética. Como exploraremos en los siguientes capítulos, tres de estos lugares fueron Betel, Jericó y el Jordán, pero el viaje de despedida del profeta comenzó en Gilgal.

Y no es ninguna coincidencia que Elías iniciara su trayectoria allí.

Gilgal era importante para el pueblo de Israel por tres razones principales. La primera ocurrió después de la muerte de Moisés cuando Josué dirigía al pueblo de Israel a la Tierra Prometida. Cruzaron el río Jordán y establecieron a Gilgal como un monumento para conmemorar la ocasión cuando cruzaron. El Señor había partido milagrosamente las aguas del Jordán —mientras que el río estaba en etapa de desbordamiento (ver Josué 3:15)— para que pudieran cruzar de forma segura con el Arca del Pacto, que venía siendo el hogar portátil sagrado

150

de los Diez Mandamientos y un constante recordatorio de la presencia de Dios entre ellos.

El partimiento de las aguas del Jordán hacía recordar el camino dramático que Dios había abierto antes en el Mar Rojo cuando los israelitas huían de Egipto con el ejército del Faraón persiguiéndolos. Posiblemente esa era la razón por qué Dios dirigió a Josué a establecer a Gilgal como un recordatorio que perdurara.

> Cuando todo el pueblo terminó de cruzar el río Jordán, el SEÑOR le dijo a Josué: «Elijan a un hombre de cada una de las doce tribus de Israel, y ordénenles que tomen doce piedras del cauce, exactamente del lugar donde los sacerdotes permanecieron de pie. Díganles que las coloquen en el lugar donde hoy pasarán la noche».
>
> Entonces Josué reunió a los doce hombres que había escogido de las doce tribus, y les dijo: «Vayan al centro del cauce del río, hasta donde está el arca del SEÑOR su Dios, y cada uno cargue al hombro una piedra. Serán doce piedras, una por cada tribu de Israel, y servirán como señal entre ustedes. En el futuro, cuando sus hijos les pregunten: "¿Por qué están estas piedras aquí?" ustedes les responderán: "El día en que el arca del pacto del SEÑOR cruzó el Jordán, las aguas del río se dividieron frente a ella. Para nosotros los israelitas, estas piedras que están aquí son un recuerdo permanente de aquella gran hazaña"».
>
> Josué 4:1-7

Toma nota de que incluso las doce piedras tenían valor simbólico. Cada una había sido escogida por un representante de su tribu, para representar a las tribus del pueblo escogido de Dios. Toma nota, también, de que estas piedras fueron seleccionadas en medio del cauce seco del río, precisamente donde los sacerdotes habían permanecido de pie sosteniendo el Arca del Pacto hasta que todos hubieran cruzado con seguridad y que se hubieran cumplido todas las órdenes del Señor. La exposición de estas piedras escogidas del río marcaba la ocasión no solo para los participantes hebreos, sino para todas las futuras generaciones, y eran designadas como «un recuerdo *permanente*» para Israel (Josué 4:7, énfasis añadido).

Este lugar se llamaba Gilgal, sin embargo, debido a un evento muy importante relacionado con el monumento de las piedras que había ocurrido poco tiempo después de que los israelitas cruzaran el río Jordán y hubieran instalado su campamento. Puede que recuerdes que Dios había establecido la circuncisión como un poderoso acto simbólico de su pacto con Su pueblo, que comenzó con Abraham y los hombres de su casa (ver Génesis 17:10-14). El pueblo de Israel siguió obedeciendo este ritual que Dios había mandado incluso después de establecerse en Egipto y durante su cautividad subsecuente allí. Así que todos los hombres hebreos que Moisés había guiado por el Mar Rojo y hasta el desierto habían sido circuncidados.

Cuando los israelitas por fin llegaron a la Tierra Prometida después de 40 años en el desierto, Moisés había muerto y Dios había escogido a Josué para estar al frente. Ya para este tiempo, «murieron todos los hombres que salieron de Egipto y que tenían edad para ir a la guerra. Ellos habían desobedecido al Señor» (Josué 5:6). Los hijos de estos hombres, que habían nacido durante su travesía de cuatro décadas por el desierto, no habían sido circuncidados. Consecuentemente, antes de proceder a tomar posesión de la Tierra Prometida, Dios instruyó a Josué: «Prepara cuchillos de piedra y circuncida a esta segunda generación de israelitas» (Josué 5:2 NTV).

Después, Dios le dijo a Josué: «Hoy he hecho que la vergüenza de su esclavitud en Egipto salga rodando como una piedra», que aparentemente es la razón por qué el lugar llegó a ser conocido como Gilgal (Josué 5:9 NTV). En hebreo, la palabra para *rodar* es similar a *Gilgal*, tanto como verbo y como sustantivo. Así que el nombre se refiere al círculo de piedras que los Israelitas habían sacado del río, que probablemente fueron rodados para hacer la formación, así como el mensaje explicativo que el Señor le proveyó a Josué acerca de rodar «la vergüenza de su esclavitud en Egipto».

Encrucijadas para la cruz

Esta, entonces, era la segunda razón principal por la cual Gilgal resaltaba como un lugar importante para que Elías visitara. Era donde todos los hombres que llegaron a entrar a la Tierra Prometida fueron circuncidados para separarlos de su pasado. Hablando parentéticamente, las instrucciones que venían del cielo implicaban un mensaje claro para estas generaciones más jóvenes: «Sus padres no lo lograron, pero ustedes sí». Aunque sus padres habían desobedecido y se habían rebelado contra Dios, y por eso no les fue permitido entrar a la Tierra Prometida, a estos hombres recientemente circuncidados les estaban dando otra oportunidad: un nuevo comienzo. Al requerir su circuncisión, Dios indicó que una vez más estaban siendo apartados del reproche del pasado. Ellos ahora estaban logrando algo que sus antepasados no habían logrado.

Todos necesitamos un lugar como Gilgal en nuestras travesías de fe. Gilgal es la forma de Dios de permitir que nos purifiquemos delante de Él y comenzar de nuevo. Es como si el calendario se hubiera reiniciado para comenzar un nuevo año, un nuevo comienzo, un reinicio del sistema espiritual que hemos estado ejecutando en el disco duro del alma. Cuando establecemos y reclamamos a Gilgal en nuestras vidas, no solo estamos creando un altar para alabar y agradecer a Dios por habernos llevado hasta este punto, sino que también estamos recordando que Dios nos ha apartado completamente de quiénes éramos antes. Ya no vivimos cubiertos con el reproche, la vergüenza, la culpa, el temor y el castigo del pasado. Al contrario, descubrimos la gracia de Dios en nuestro Gilgal personal, una encrucijada para la cruz de Cristo en nuestras vidas.

En Gilgal, quedas separado totalmente del tu viejo tú, del tú quebrantado, del tú pecaminoso, del tú derrotado. Dios ahora te está diciendo que no hay nada en tu pasado que pueda impedir tu futuro ungido. Esta es la esencia de las Buenas Nuevas del Evangelio de Jesucristo: «De modo que si alguno está en Cristo, nueva criatura es; las cosas viejas pasaron, ahora han sido hechas nuevas» (2 Corintios 5:17 NBLA).

Ya no eres el mentiroso que antes eras.
Ya no eres el ladrón que antes eras.
Ya no eres el tramposo que antes eras.
Ya no eres el chismoso que antes eras.
Ya no eres el fornicador que antes eras.
Ya no eres el adúltero que antes eras.
Ya no eres el codiciador que antes eras.
Ya no eres el asesino que antes eras.
Ya no eres el legalista farisaico que antes eras.

¡Eres una nueva criatura, lavada de todas tus iniquidades de tu pasado por la sangre del Cordero, Jesucristo!

En tu transición de empujar tu arado de perseverancia a llevar tu manto de promoción, Dios te guiará a Gilgal antes de que continúes tu travesía. Allí, Él te recuerda que has nacido de nuevo, que has cambiado y sido apartado. Allí, en tu propio Gilgal personal, tu Padre Celestial susurra en tu oído:

Te estoy separando.

He rodado la vergüenza, la condenación, el dolor.

El dolor de tu pasado nunca se puede comparar con el premio de tu futuro.

El Espíritu Santo te recuerda que has muerto al pecado y has resucitado en la gracia. Junto con el apóstol Pablo y otros creyentes, puedes proclamar: «Con Cristo he sido crucificado, y ya no soy yo el que vive, sino que Cristo vive en mí; y la vida que ahora vivo en la carne, la vivo por la fe en el Hijo de Dios, el cual me amó y se entregó a sí mismo por mí» (Gálatas 2:20 NBLA).

Cuando llegas a Gilgal, Dios te dice que ya no eres esa persona. Ahora eres su hijo o hija amada. No eres lo que has hecho o lo que has dejado sin hacer. No eres lo que otros dicen que eres o quieren que seas.

En Gilgal, Dios dice que *te sacó de Egipto* y que *sacó a Egipto de ti*.

¡Y hay más buenas noticias! Tus hijos nunca tendrán que regresar a Egipto. ¡Tus hijos y los hijos de tus hijos y los hijos de los hijos de tus hijos nunca vivirán en aquello de lo cual Dios te sacó! Los que siguen después de ti no serán esclavizados por las consecuencias de tus pecados. No tendrán que llevar la carga de los pecados de sus padres porque han quedado libres.

¡Gilgal cambia todo!

Ya es hora de madurar

Gilgal también representa un tercer evento significativo en la vida de los israelitas. Después de cruzar el río Jordán y de haber hecho rodar doce piedras para juntarlas y formar un monumento eterno, después de que los Israelitas hubieran obedecido las instrucciones del Señor y se hubieran circuncidado, permanecieron en Gilgal el tiempo suficiente para sanar y celebrar la Pascua. Su celebración de la Pascua, y lo que ocurrió al siguiente día, marcó otro momento decisivo para el pueblo de Israel:

> Al día siguiente, después de la Pascua, el pueblo empezó a alimentarse de los productos de la tierra, de panes sin levadura y de trigo tostado. Desde ese momento dejó de caer maná, y durante todo ese año el pueblo se alimentó de los frutos de la tierra.
>
> Josué 5:11-12

Recordarás que durante sus cuarenta años en el desierto, los israelitas comieron maná, similar al pan sin levadura, lo cual el Señor les proveyó a diario. No podían recoger el maná y guardarlo para después; la provisión de cada día debía alimentar y nutrir al pueblo solo en el presente. Habiendo llegado por fin a Canaán, esta tierra tan esperada donde fluía leche y miel, el pueblo pasó por otra transición hacia la maduración aquí en Gilgal. ¡Dios ya no les proveía maná porque habían llegado! Podían comer los granos, las frutas y las carnes en esta tierra tan abundante que el Señor les había prometido cuando salieron de Egipto.

El pueblo de Dios había madurado lo suficiente para confiar en Él gracias a Su fidelidad. El Señor los había cuidado en cada paso del camino, a pesar de su rebelión, idolatría y quejas amargas. Ahora, el Todopoderoso había cumplido Su Promesa y había traído a Su Pueblo a la Tierra Prometida de Canaán. De muchas maneras, Gilgal era como una estación de acogida para conmemorar un acontecimiento tan importante. No era su destino final, pero era un lugar dónde ubicarse física, emocional y espiritualmente antes de explorar su nuevo hogar.

Puede que alguna vez hayas parado en uno de esos centros de recepción estatales cuando has cruzado de un estado a otro o de un país a otro. Los residentes quieren que reconozcas que ya no estás en Kansas (o donde sea), sino que ahora estás en la tierra de ellos. La mayoría quieren que te sientas bienvenido y que aprecies los muchos recursos, sean naturales u otros, que existen en su región.

Piensa de tu Gilgal de la misma manera, una clase de centro de recepción espiritual para la nueva vida que te espera. ¡Porque ya no eres quien eras antes! Y ya no necesitas el maná que solías confiar en Dios para proveer.

Has madurado y has crecido y te has desarrollado espiritualmente al grado de que ya no necesitas leche, sino que estás listo para carne. En su carta a la iglesia quejumbrosa de Corinto, Pablo señaló que muchos de ellos se seguían comportando, «como si pertenecieran a este mundo o como si fueran niños». Porque ellos mismos habían demorado su desarrollo, Pablo explicó, «Les di a beber leche, no alimento sólido, porque todavía no podían recibirlo» (1 Corintios 3:1-2 NBLA).

A medida que caminas con el Señor y llegas a confiar en Él en todas las áreas de tu vida, descubres que ya no necesitas alimento para bebé. Cuando recién te convertiste, tanto era desconocido para ti: la oración, la Palabra de Dios, los dones espirituales, la iglesia y tanto más. Pero a medida que obedecías al Señor y obtenías más experiencia en ser guiado por el Espíritu Santo, desarrollaste músculos espirituales y obtuviste madurez. Como hemos visto, la transición del arado al manto por lo general trae nuevas responsabilidades, incluyendo ser un siervo-líder para otros. Las expectativas de Dios son claras: «Hace tanto que son creyentes que ya deberían estar enseñando a otros» en vez de necesitar «que alguien vuelva a enseñarles las cosas básicas de la palabra de Dios» (Hebreos 5:12 NTV).

Si quieres experimentar todo lo que Dios tiene para ti, entonces es tiempo de madurar.

Gilgal marca el lugar donde fuiste destetado de la leche y dónde, en lugar de ello, ya has llegado a la madurez suficiente para comer carne espiritual. Ya no necesitas que te tomen de la mano y que te quiten las dudas. Ahora tú estás siendo llamado a tomar a otros de la mano y ser su hombro de fe en el cual ellos se puedan apoyar. Ya no necesitas que te enseñen el alfabeto de la gracia y los fundamentos básicos de la salvación y la santificación. Al contrario, tú estás listo para enseñar a otros y establecer el ejemplo para los nuevos creyentes. Llegar a Gilgal requiere paciencia y confianza en el Señor. Es una vista donde te paras y echas una mirada hacia atrás a todo lo que has experimentado y cómo Dios milagrosamente te ha sostenido en cada paso de tu travesía. Es un monumento a la bondad, fidelidad y provisión.

Dejar a Gilgal requiere valentía y aun más confianza en el Señor. Es el primer paso hacia las aventuras nuevas y emocionantes que te esperan a la próxima vuelta. Es el fundamento para un futuro forjado por fe madura.

Rumbo al sur

Ya que hemos explorado los diferentes niveles de significancia simbólica e histórica contenidas en Gilgal, regresemos a Elías y Eliseo. Recordarás que antes de que Eías fuera llevado al cielo, Elías y su discípulo visitaron cuatro puntos proféticos de poder principales: Gilgal, Betel, Jericó y el Jordán. El primero, Gilgal, fue por las razones que ahora vemos con mayor claridad.

Elías estaba a punto de cruzar de la tierra al cielo, así como los israelitas habían cruzado el Jordán para entrar a la Tierra Prometida. Gilgal marcaba este punto de transición, el lugar cimentado en la gracia y la bondad de Dios. Al regresar a Gilgal primero, Elías respetó su importancia como fundamental en su vida como profeta de Dios. Proporcionaba una oportunidad de recordar nuevamente no solo lo que Dios había hecho por el pueblo de Israel históricamente, sino también por Elías personalmente.

Porque si estás pensando que esta fue una travesía fácil para Elías, entonces es tiempo de recordar lo que ocurrió entre ganarle al carro de caballos de Acab en el aguacero al sujetar y correr (ver 1 Reyes 18:45-46) y encontrar a Eliseo en el campo arando (ver 1 Reyes 19). La respuesta corta es sencilla: ¡Elías se desmoronó! Él estaba subiendo una montaña espiritual en un momento, y en el próximo, estaba paralizado al mirar hacia abajo y ver qué tan alto había subido.

El desencadenante, como vimos anteriormente, fue la amenaza de muerte de la reina Jezabel. Enfurecida de que Elías no solo había ganado la confrontación en los altares de sacrificio, sino que también había matado a los profetas de Baal, ella estaba decidida a hacer al profeta sufrir. Y ella no necesitaba que alguien lo matara, sino solo amenazarle con la muerte. Jezabel sabía cómo atormentarlo mucho más efectivamente que si hubiera enviado un asesino. Su amenaza estaba consumiendo a Elías,

Elías se asustó y huyó para ponerse a salvo. Cuando llegó a Berseba de Judá, dejó allí a su criado y caminó todo un día por el desierto. Llegó adonde había un arbusto,[y se sentó a su sombra con ganas de morirse. «¡Estoy harto, Señor! —protestó—.

Quítame la vida, pues no soy mejor que mis antepasados».
Luego se acostó debajo del arbusto y se quedó dormido.

1 Reyes 19:3-5

De alguna manera, la amenaza de la reina y su propio temor fueron catalizadores para la calamidad. Después de todo lo que Elías había visto a Dios hacer, parece que de un momento para otro había perdido la fe. Después de perdurar en la sequía, vencer totalmente en la confrontación entre los dos altares, matar a los profetas de Baal, y exitosamente ganarle al carro de caballos de rey en la lluvia, Elías de repente quedó desmoronado porque la repugnante Jezabel había hecho lo que mejor sabía hacer. No puedo evitar preguntarme si todo lo sucedido había causado un mal efecto cumulativo que le invadió al entrar en pánico y correr por su vida; posiblemente fue algo similar al trastorno de estrés postraumático experimentado por tantas personas hoy.

Después de correr y llegar antes que Acab a Jezrel, cubrió la distancia de allí hasta Berseba, aproximadamente otros 161 kilómetros. Sin duda, ¡el profeta quedó físicamente exhausto después de correr tanto! Berseba, ubicado en la parte sur de Judá, era el sitio donde Abraham había entrado en pacto con Abimelec, un rey filisteo, por los derechos del agua del pozo allí (ver Génesis 21:15-31). Era lo más al sur que Elías podía ir y todavía tener acceso a techo, alimento y agua, que posiblemente es la razón por qué decidió dejar a su siervo allí. Si el profeta estaba tan decidido a seguir corriendo, entonces fue lo suficientemente compasivo como para considerar la sobrevivencia de su siervo.

Desde Berseba, Elías viajó otro día hasta el desierto. Al igual que los israelitas que vagaron en el desierto después de la liberación divina dramática de Egipto, Elías aparentemente tenía la determinación de tomar su propio camino. Por fin se detuvo cuando se encontró con un enebro; una especie de arbusto y una de las pocas fuentes de sombra en el desierto. Allí, Elías le dijo a Dios cómo se sentía, con total honestidad que es más que relevante hoy. «¡Ya no puedo más!» el profeta dijo. «No puedo seguir; ya no puedo hacer esto más. Lo que tenga que suceder, que suceda. Ya no me importa».

¿Te puedes identificar? Si somos honestos, ¿no nos identificamos todos con tales momentos cuando nos sentimos tan exhaustos, abrumados, agotados y desanimados que ya no podemos más? En base a mi propia experiencia, tales momentos a menudo ocurren después de experiencias cumbre poderosas y significativas que hemos tenido con Dios. Momentos cuando he sido testigo de Su poder de maneras milagrosas, cuando Él ha provisto para nuestra iglesia de maneras asombrosamente sorprendentes, cuando Él me ha dado influencia con presidentes y otras personas muy influyentes que están al frente de este país.

A través de la Biblia hemos visto muchas ocasiones cuando alguien lucha y tropieza después de haber sido usado por Dios y haber experimentado íntimamente Su presencia y poder. Noé obedeció a Dios, construyó el arca, sobrevivió el diluvio, y luego se emborrachó y desnudó en frente de sus hijos (ver Génesis 9:18-23). Abraham experimentó la bendición y el favor de Dios pero tanto fue su temor que mintió, diciendo que su esposa, Sara, era su hermana (ver Génesis 20). Después de todo lo que Moisés había experimentado con el Señor, perdió los estribos y desobedeció a Dios, lo cual le costó su entrada a la Tierra Prometida (ver Números 20:2-12).

En el Nuevo Testamento, el mismo patrón emerge en las vidas de varios santos. Pedro le prometió su devoción a Jesús en Getsemaní, pero luego, unas cuantas horas después, negó tres veces que siquiera lo conocía (ver Lucas 22:54-62). Tomás había seguido a Jesús por tres años y había sido testigo de muchos milagros, pero no podía creer que su Maestro había resucitado de entre los muertos hasta que vio las huellas de los clavos en Sus manos (ver Juan 20:24-29). Jesús mismo fue tentado por el diablo inmediatamente después de ayunar y orar en el desierto por cuarenta días y noches, después de Su bautismo por Juan el Bautista (Mateo 4:1-11).

Algunos eruditos y expertos creen que Elías exhibía los síntomas de lo que ahora llamamos depresión clínica: ansiedad, desesperación, soledad, sentido de falta de significancia, tristeza, temor y un deseo de morir. Aunque nos pueda sorprender considerar esta posibilidad para tal gigante de la fe, todo ser humano, creyentes al igual que no creyentes, eventualmente experimentan tiempos de duda, pérdida y estrés. Tales luchas no necesariamente invalidan nuestra fe ni indican una falta de fe; simplemente pueden ser pruebas y tentaciones que nos pueden acercar más al Señor si lo permitimos.

Así que antes de criticar demasiado la declaración desesperada de Elías, debemos recordar que la mayoría de nosotros experimentamos esos momentos debajo de un arbusto en el desierto antes de llegar a Gilgal. Y el ejemplo de Elías hace claro que podemos ser honestos con Dios. Él ya nos conoce mejor de lo que nos conocemos nosotros mismos. A veces, sospecho que le decimos como una forma de expresar de qué hemos estado huyendo.

«¿Qué haces aquí?»

La respuesta de Dios al soliloquio suicida de Elías siempre me asombra, aunque no me debiera sorprender tanto amor, compasión e interés personal por parte de nuestro Padre celestial. Primero, el Señor envió un ángel para despertar a Elías para que pudiera alimentar su cuerpo con pan, cocinado sobre brasas junto a él, y agua de una vasija. El profeta obedeció las instrucciones y luego se volvió a dormir.

Entonces el ángel regresó y se aseguró de que Elías comiera y tomara agua otra vez, porque el profeta tenía una cita divina con Dios en el Monte Horeb (ver 1 Reyes 19:6-8). No sabemos a ciencia cierta cuánta era esta distancia, pero sí sabemos que le tomó a Elías cuarenta días y noches para llegar allí. Una vez que llegara entró a una cueva para pasar la noche. Antes de que entremos a la cueva con Elías, sin embargo, toma nota de lo que ocurrió aun antes de que tuviera una conversación con Dios.

En vez de reprender a Elías y decirle que dejara de quejarse, Dios le envió un mensajero para proveerle alimento y agua. Aunque es obvio para nosotros que el profeta estaba exhausto y probablemente malnutrido, que como consecuencia afectó su estado emocional, Elías había llegado a un punto donde ya no se podía ayudar a sí mismo. Así que Dios comenzó con los básicos. Antes de decirle a Elías que se encontrara con Él en Horeb, el Señor sabía que Su profeta necesitaba recuperarse físicamente.

A veces nos volvemos angustiados y abrumados por nuestros sentimientos simplemente porque no hemos cuidado adecuadamente a nuestros cuerpos, lo que a cambio hace que nos sintamos peor, tanto física como emocionalmente. En nuestro mundo del siglo 21 en el cual estamos conectados al internet las 24/7, las personas están más ocupadas que nunca; si no están trabajando, entonces están conectadas para hacer compras, leer, entretenerse, o interactuar en las redes sociales.

Forzamos a nuestros cuerpos mucho más allá de nuestros límites al trabajar más y dormir menos, y luego preguntamos por qué no podemos descansar cuando finalmente nos desplomamos. Rara vez comemos de manera nutritiva o hacemos ejercicio, y nuestros cuerpos pagan el precio. Y también sufrimos mental, emocional y espiritualmente, y a menudo corremos para huir en nuestras propias cuevas de desesperación, desánimo y depresión.

Basado en la experiencia de Elías, sin embargo, Dios todavía se encuentra con nosotros en esos lugares oscuros de dolor. Una vez que el profeta llegó a Horeb, Dios le preguntó: «¿Qué haces aquí?» (1 Reyes 19:9), una pregunta rara siendo que Elías había seguido la instrucción del Señor de encontrarse con Él allí. Claro, la pregunta trasciende la geografía porque Dios en Su divina sabiduría estaba ayudando al profeta a reconocer y tratar con su malestar.

Elías contestó: «Me consume mi amor por ti, Señor Dios Todopoderoso... Los israelitas han rechazado tu pacto, han derribado tus altares, y a tus profetas los han matado a filo de espada. Yo soy el único que ha quedado con vida, ¡y ahora quieren matarme a mí también!» (1 Reyes 19:10). ¿Pueden oír su frustración? Hay un sentido de futilidad, casi como si estuviera diciendo: «Mira, Dios, he dedicado toda mi vida a servirte, ¿pero qué diferencia ha hecho? Los israelitas se siguen rebelando y apartándose de ti. Han matado a todos Tus profetas menos a mí: ¡y ahora me van a matar a mí también!».

En vez de reprender a Elías por sentirse de esta manera, Dios le dijo al profeta que se fuera a parar en la entrada de la cueva allí en el Monte Horeb, porque Él estaba a punto de pasar por allí. Afuera, las fuerzas naturales de la tierra ¡parecían haberse vuelto locas! Vino un viento recio, tan violento que partió las montañas e hizo añicos las rocas; seguido por un terremoto y un fuego. El pobre de Elías oía la cacofonía de la calamidad de la naturaleza de afuera. Luego cuando escuchó un suave murmullo, «Se cubrió el rostro con el manto y, saliendo, se puso a la entrada de la cueva» (1 Reyes 19:13).

En la presencia de Dios, a veces nuestra única respuesta puede ser usar nuestro manto como una máscara protectora. Durante la pandemia de COVID-19, la gente aprendió a usar máscaras para protegerse a sí mismos y a otros de contraer el virus. Cuando Dios nos da un manto de promoción, a veces nos damos cuenta de que provee protección del poder ilimitado que tenemos a nuestra disposición a través del Espíritu de Dios en nosotros.

Después de la demostración dramática de la presencia de Dios, nuevamente el Señor preguntó: «¿Qué haces aquí, Elías?» (1 Reyes 19:13). Cuando el profeto repitió su primera respuesta, Dios le dio su próxima misión:

El Señor le dijo: —Regresa por el mismo camino y ve al desierto de Damasco. Cuando llegues allá, unge a Jazael como rey de Siria, y a Jehú hijo de Nimsi como rey de Israel; unge también a Eliseo hijo de Safat, de Abel Mejolá, para que te suceda como profeta. Jehú dará muerte a cualquiera que escape de la espada de Jazael, y Eliseo dará muerte a cualquiera que escape de la espada de Jehú. Sin embargo, yo preservaré a siete mil israelitas que no se han arrodillado ante Baal ni lo han besado.

1 Reyes 19:15-18

Dios suplió una refutación sutil a la declaración de Elías, haciendo claro que Elías no era el único profeta fiel todavía vivo. ¡De hecho todavía había siete mil que seguían fuertes! Además de eso, Elías no iba a ser asesinado porque Dios tenía una tarea para él, que era básicamente regresar por donde había venido para encontrar a su sucesor, Eliseo. En vez de decirle a Elías que no se sintiera así, el Señor le dio algo significativo que hacer. Este remedio sigue siendo una de los mejores y más efectivas curas para aquello con lo que estamos luchando. A nuestro enemigo le gusta usar esas oportunidades para jugar con nuestras emociones con la esperanza de que sintamos lástima por nosotros mismos y cedamos a la tentación. Pero cuando quitamos el enfoque de nosotros mismos y nuestros sentimientos, descubrimos el gozo que viene de usar los dones que Dios nos ha dado para servir a otros. Descubrimos que la madurez viene con usar el manto.

Lo cual nos lleva de vuelta a Gilgal. Después de soportar una temporada tan angustiosa de depresión, Elías entonces fue el mentor de Eliseo y lo preparó para el tiempo cuando él se quedara solo. Así que mientras anticipaban que Dios se llevara a Elías al cielo, hicieron un último peregrinaje juntos. Había sido un camino loco y lleno de curvas para llegar allí, pero, al seguir a Dios, sabía que todo valía la pena.

Tenemos que recordar la misma verdad, mi amigo. Al hacer la transición a usar el manto de promoción, a menudo encontramos que un rápido vistazo de Gilgal nos fortifica con fe para el próximo lugar donde Dios nos va a guiar. Tales visitas nos recuerdan que ya no somos residentes de nuestro pasado, sino que somos residentes de un glorioso futuro celestial.

Empuja tu arado, conoce tu manto

Todos pasamos por temporadas de desánimo en las cuales nos preguntamos cuál es nuestro propósito y nos sentimos limitados por circunstancias muy difíciles. Incluso entonces, sin embargo, podemos confiar en que Dios nos está guiando a través de estos tiempos difíciles con el propósito de fortalecer nuestra fe y prepararnos para nuestra próxima misión, tal como lo hizo con Elías. Aunque podamos huir y escondernos en nuestras cuevas temporalmente, Dios se encontrará con nosotros allí y nos recordará que ya no estamos en Egipto, ya no estamos vagando en el desierto en busca de un hogar.

Usa las preguntas a continuación para ayudarte a orientarte mientras sigues empujando hacia tu manto de promoción. Luego pasa algunos minutos en oración, pidiéndole a Dios que se encuentre contigo dondequiera que estés en tu travesía. Así como se reveló a Elías, Dios se deleita en mostrarte quién Él realmente es y lo preciado que eres para Él.

1. Cuando das un vistazo hacia atrás para ver tu travesía de fe, ¿qué te parece que fue un lugar como Gilgal, uno que señaló tu transición de tu viejo yo a convertirte en una nueva criatura en Cristo? ¿Alguna vez has vuelto a visitar este lugar? ¿Quisieras hacerlo? ¿Por qué sí o por qué no?

2. ¿Cuándo has luchado con desánimo y duda que parecían arrastrarte a la depresión? ¿Cómo manejaste esos sentimientos durante esa experiencia? ¿Cómo se encontró Dios contigo en medio de todo?

3. ¿Qué misión te ha estado revelando Dios últimamente? ¿Cuál es el próximo lugar que te está llamando a servir? ¿De qué manera la reflexión sobre tu propio Gilgal refuerza esta dirección?

Querido Dios, estoy tan agradecido por cómo me has sostenido, alimentado y empoderado, especialmente en momentos en que temía no poder seguir adelante. Nunca me permitas estar tan consumido por mis emociones que pierda de vista a Ti y Tu amor por mí. Ayúdame a quitar mis ojos de mis propias luchas y a enfocarme en el ejemplo de Jesús mientras busco satisfacer las necesidades de otros. Me emociona ver cuál es el próximo lugar a donde me estás guiando, Señor, y qué es lo sigue en mi travesía de fe mientras me envuelves en Tu manto de promoción profética. ¡Que todo lo que yo haga sea a través de Ti, para Ti y contigo! ¡A Dios sea la gloria! Amén.

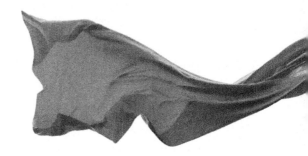

8

Los ojos puestos en el premio

Cuando llevas puesto el manto de promoción, descubres
que tu lugar difícil se convierte en tu lugar alto: ¡el fracaso
no es una opción!

Recientemente, me conecté al internet para conseguir algunos
zapatos nuevos para correr, solo para descubrir que ya no
estaban produciendo mis zapatos favoritos. La compañía que
los fabricaba los había reemplazado con una versión nueva
y «mejorada». Pero al leer la descripción de este modelo de
cuarta generación, me di cuenta de que ya no tenía las características clave que hicieron de su predecesor mi favorito.

Una vez más, porque esto ya había ocurrido antes en años recientes, yo tendría que visitar una tienda de artículos deportivos
y probarme una variedad de zapatos de correr hasta encontrar
el modelo *único* destinado a hacerme más ligero, más rápido y
más fuerte. A menos que los zapatos de correr incluyeran pro-
pulsores de cohetes —¡una mejoría improbable!— yo cuando

menos quería encontrar el sostén, la flexibilidad y la comodidad adecuados. Eso no debería ser tan difícil de encontrar, ¿verdad?

Ya hacía un par de años que no iba a una tienda a probarme zapatos de correr. Como muchos de nosotros, me había dejado consentir con la conveniencia de pedir por internet, especialmente porque sabía exactamente qué era lo que quería. Ahora, mientras paseaba por los pasillos de la mercancía para corredores, me vi frente a una pared entera de posibilidades. Algunos se podían descartar inmediatamente, pero otros requerían consideración. Y pronto me di cuenta de que la ciencia de correr se había visto obligada a entrar en un matrimonio de conveniencia con comercializadores con el propósito de producir más características, opciones y estilos que nunca antes. De hecho, yo podía literalmente diseñar mis propios zapatos para correr usando el sistema digital ofrecido dentro de la tienda.

¿Quería acojinamiento extremo, moderado o ligero en el talón? ¿Quería suelas lisas, para menos fricción y más velocidad, o suelas con rodaduras para tracción cuando corría por las veredas al aire libre? ¿Cuánta amortiguación debía proveer la suela? Cuando mis pies daban contra el suelo, ¿mis pisadas sufrían de pronación insuficiente o excesiva? ¿O tenían pronación neutral? ¿Eran mis tobillos débiles? ¿Tenía arcos caídos? Para poder comprar los zapatos de correr correctos, yo tenía que saber.

Luego estaba la cuestión del estilo. Como un muchacho quien, hasta que entré a la escuela de segunda enseñanza, no tenía idea de que los zapatos de correr podían venir en otros colores además del blanco, ahora tenía una gama completa entre la cual escoger. Nike, Saucony y ASICS en blanco no comparaban con la cantidad de Adidas, Brooks y New Balance en azul, rojo, gris y naranja. Y una vez seleccionado el color del zapato, entonces podía decidir si quería adornos de color contrastante y qué color quería para las suelas, y, por supuesto, los cordones.

¡No es ninguna sorpresa que me sentí completamente abrumado! Basado en la mirada del joven y delgado corredor olímpico que buscaba ganarse algo de dinero como vendedor, era claro que yo no era un corredor serio. Aun peor, yo percibía que él pensaba que yo no era simplemente alguien que hacía las cosas a la antigua, sino que era viejo. Después de probar cuando menos seis pares diferentes, me fui de la tienda sin comprar zapatos para correr.

Tener demasiadas opciones puede ser más frustrante que no tener opciones.

Me había distraído de mi meta —hacer ejercicio haciendo algo que disfruto, correr— y había perdido mi enfoque.

¡Momentáneamente, había quitado mis ojos del premio!

A tu manera

Los zapatos de correr no son los únicos artículos de marca que nos ofrecen más opciones. La mayoría de las personas en las naciones altamente desarrolladas del Primer Mundo probablemente tienen más opciones para consumidores que cualquier ser humano a través de la historia. Desde la clase de pantalón de mezclilla que usamos hasta los sabores de mostaza, nuestro mundo del siglo 21 nos provee una gran variedad de posibilidades para comprar. Sea que simplemente queramos un pantalón de mezclilla que por fin se ajusta a nuestro cuerpo perfectamente o que deseemos servir una mostaza de Dijón de alta calidad para expresar nuestro gusto culinario superior, lo podemos tener a nuestra manera, tal como Burger King nos prometía en sus comerciales cuando yo era muchacho.

Más posibilidades, sin embargo, no necesariamente hacen que nuestras vidas sean más fáciles. De hecho, algunos expertos creen que nuestra cultura probablemente llegó a su punto de saturación de mercadeo de productos al por menor ya hace algunos años. En 2000, dos psicólogos publicaron los resultados de una investigación que hicieron que tenía que ver con las opciones del consumidor. En una tienda de alimentos de alta calidad colocaron un exhibidor con 24 variedades de mermelada gourmet. Los clientes podían probar todas las que querían y a cambio recibían un cupón que les daba un descuento de un dólar en la compra de cualquier mermelada.

Después de registrar el número de participantes y el número de cupones que se dieron y el número que se usaron, los investigadores regresaron varios días después y nuevamente pusieron su exhibidor con las mermeladas, pero en esta ocasión solo incluyeron seis clases de mermelada. Aunque más consumidores se pararon cuando estaba el exhibidor con más variedades, pocos usaron sus cupones para hacer una compra. Los clientes que probaron la selección que consistía en media docena de variedades, sin embargo, tuvieron diez veces más probabilidades de comprar un frasco.[1]

Otros estudios sociales y psicológicos han registrado resultados similares. Tener más elecciones frecuentemente complica nuestras decisiones hasta el grado de que aplazamos tomar una. Con tantas opciones, tememos elegir «mal» y malgastar el dinero en variedades dudosas. En su escrito en la publicación *Harvard Business Review*, un experto hace notar: «A medida que aumentan la variedad de bocadillos, bebidas gaseosas y

---

1. Sheena S. Iyengar and Mark R. Lepper, «When Choice is Demotivating: Can One Desire Too Much of a Good Thing?», *Journal of Personality and Social Psychology*, no. 6 (2000): 995-1006.

cervezas en las tiendas, por ejemplo, el volumen de ventas y la satisfacción del cliente disminuyen».[2]

¿Qué tiene que ver todo esto con pasar de tu arado a tu manto?

¡Todo!

Tienes demasiadas opciones que reclaman tu atención y te apartan de tu camino hacia la promoción. Porque nunca dejarás el arado y estarás listo para aceptar el manto de la promoción si no mantienes los ojos en el premio. Incluso los seguidores más apasionados y dedicados de Jesús pueden dejarse arrastrar en demasiadas direcciones a medida que las distracciones desvían su atención y diluyen su energía: tener demasiadas opciones compitiendo por nuestra atención no es simplemente un problema para las ventas y el mercadeo.

Vivimos en una edad cuando se nos dice que podemos tenerlo todo, probarlo todo y ser quien queramos, cuando queramos. ¡Pero esto simplemente no es cierto! Dios nos creó a Su propia imagen santa y nos conoce mejor que nosotros nos conocemos a nosotros mismos. Solo una relación con Él puede satisfacer nuestros anhelos más básicos del amor, la intimidad y el propósito.

El enemigo de nuestra alma prospera gracias al paquete tan brillante de mentiras de la actualidad porque nos distrae de enfocarnos en lo que es verdadero, lo que es real, lo que es eterno. Si nos pueden engañar y hacernos creer que podemos controlar nuestras vidas, entonces significa que no necesitamos depender del poder de Dios y confiar en su dirección diaria. Podemos tener una fe cortés de distancia y desprendimiento. Pero para nada se compara con una relación apasionada con el Espíritu del Dios vivo habitando en nosotros.

2. Barry Schwartz, «More Isn't Always Better», *Harvard Business Review*, June 2006, https://hbr.org/2006/06/more-isnt-always-better.

Para avanzar en el propósito que Dios nos ha dado y crecer en nuestra fe, necesitamos enfocarnos exclusivamente en Jesús. Tenemos que sumergirnos en la Palabra de Dios y sintonizarnos a la voz del Espíritu Santo. Todas las prioridades tienen que empezar y terminar con nuestra relación con el Señor. De otra manera, seguimos susceptibles a las distracciones, aun si a menudo es por buenas razones y causas urgentes. El apóstol Pablo perseguía esta clase de singularidad de enfoque y nos inspira a hacer lo mismo:

> Lo he perdido todo a fin de conocer a Cristo, experimentar el poder que se manifestó en su resurrección, participar en sus sufrimientos y llegar a ser semejante a él en su muerte. Así espero alcanzar la resurrección de entre los muertos.
>
> No es que ya lo haya conseguido todo, o que ya sea perfecto. Sin embargo, sigo adelante esperando alcanzar aquello para lo cual Cristo Jesús me alcanzó a mí. Hermanos, no pienso que yo mismo lo haya logrado ya. Más bien, una cosa hago: olvidando lo que queda atrás y esforzándome por alcanzar lo que está delante, sigo avanzando hacia la meta para ganar el premio que Dios ofrece mediante su llamamiento celestial en Cristo Jesús.
>
> Filipenses 3:10-14

El secreto de mantener nuestros ojos en el premio se revela en ese último versículo. Toma nota de que Pablo reduce su enfoque a «una cosa» y avanza, «olvidando lo que queda atrás y esforzándome por alcanzar lo que está delante». Esta es la misma travesía que hizo Elías con Eliseo antes de que fuera llevado al cielo por el Señor. Como vimos en el capítulo anterior, visitaron Gilgal y luego «descendieron juntos a Betel» (2 Reyes 2:2).

¿Por qué ir inmediatamente después a Betel?

Porque Gilgal tiene que ver con reconocer los lugares difíciles en tu vida, y luego Betel tiene que ver con aferrarte a tu sueño.

Subiendo la escalera de Jacob

Como probablemente ya has aprendido, cada detalle registrado en la Palabra de Dios tiene importancia, tanto como un registro literal de la historia así como una metáfora eterna aplicada a las vidas humanas en nuestro momento presente. Tal es el caso de las paradas de los profetas en la gira de despedida de Elías. Siguiendo las pisadas de Elías y Eliseo, exploramos el origen y el simbolismo de Gilgal, así que ahora caminamos con ellos a Betel, probablemente una distancia de alrededor de once kilómetros y fracción, dependiendo de su ruta.

Betel, que significa «casa de Dios» tiene un lugar especial en la historia de Israel debido al patriarca que tiene el mismo nombre que la nación. Conocido primero como *Jacob* antes de que Dios cambiara su nombre, este hombre a menudo parecía tomar un paso hacia adelante y dos pasos para atrás en su travesía espiritual. Pero Dios tenía un propósito especial para Jacob, uno que transformaría su vida, y Él siempre se encontró con él en medio de sus líos. En camino, Jacob recibió vislumbres de esperanza del cielo que lo motivaron aun cuando los obstáculos parecían obstruir el camino de su vida. Tal es el caso durante una noche muy especial mientras viajaba:

> Jacob partió de Berseba y se encaminó hacia Jarán. Cuando llegó a cierto lugar, se detuvo para pasar la noche, porque ya estaba anocheciendo. Tomó una piedra, la usó como almohada, y se acostó a dormir en ese lugar. Allí soñó que había una escalinata apoyada en la tierra, y cuyo extremo superior llegaba hasta el cielo. Por ella subían y bajaban los ángeles de Dios. En

el sueño, el Señor estaba de pie junto a él y le decía: «Yo soy el Señor, el Dios de tu abuelo Abraham y de tu padre Isaac. A ti y a tu descendencia les daré la tierra sobre la que estás acostado. Tu descendencia será tan numerosa como el polvo de la tierra. Te extenderás de norte a sur, y de oriente a occidente, y todas las familias de la tierra serán bendecidas por medio de ti y de tu descendencia. Yo estoy contigo. Te protegeré por dondequiera que vayas, y te traeré de vuelta a esta tierra. No te abandonaré hasta cumplir con todo lo que te he prometido».

Al despertar Jacob de su sueño, pensó: «En realidad, el Señor está en este lugar, y yo no me había dado cuenta». Y con mucho temor, añadió: «¡Qué asombroso es este lugar! Es nada menos que la casa de Dios; ¡es la puerta del cielo!»

Génesis 28:10-19

Ten en cuenta que Jacob dejó su hogar después de manipular a su hermano gemelo y lograr que Esaú cediera su primogenitura, y luego engañar a su papá, Isaac, para que lo bendijera con lo que él no tenía derecho de recibir (ver Génesis 27). Esaú, furioso por haber sido estafado de la bendición que le pertenecía por derecho, juró matar a su hermano, lo cual impulsó a la mamá de ambos, Rebeca, a enviar a Jacob a quedarse con el hermano de ella, Labán, en Harán, hasta que Esaú se calmara (ver Génesis 27:42-43).

Así que aquí estaba Jacob, huyendo de una serie de problemas familiares y a punto de entrar a otro (casarse con las hermanas Lea y Raquel), cuando Dios le dio un sueño acerca de su divino destino. ¡Y qué destino! No importaba lo mal que había hecho las cosas Jacob en Berseba o lo terrible que se iban a poner las relaciones personales en Harán, él había recibido un sueño de Dios que tenía que realizar. Jacob sabía que podía soltar su pasado porque Dios le había revelado su futuro.

Subir la escalera hacia sus sueños haría que estirarse por cada peldaño valiera la pena.

Al viajar desde Gilgal a Betel, el sitio del sueño de Jacob, Elías y Eliseo simbólicamente unieron el pasado y el futuro. Así como Jacob vio el «avance de película» para el legado épico que iba a dejar, Elías se aventuró a Betel sabiendo que estaba a punto de ir a su destino final y máximo, su hogar celestial con Dios. Su viaje a Betel, junto con el sueño de Jacob allí, nos recuerda que nosotros, también, residimos entre las luchas del pasado y el sueño del futuro.

Al igual que Jacob, al igual que Elías, estás a punto de ver lo que nunca antes has visto.

Empiezas en el altar.

Empiezas en el lugar de separación de tu pasado.

Y después de que te hayas separado de tu pasado, entonces te es permitido soñar.

Cuando vives en tu pasado, no tienes un sueño, sino tienes una ilusión. Corres pero sin avanzar, atrapado en una cinta de correr que tú mismo has fabricado. Esto no es arar con perseverancia, sino más bien es cavar un hoyo que solo se vuelve más profundo entre más dependas de tu propio poder que el poder de Dios. Esto no es preparación para tu manto de promoción, sino más bien postergar debido a la conmoción pasada.

Pero después de visitar a Gilgal...

Después de que has ido a la cruz de Cristo...

Después de que has sido lavado por la sangre del Cordero...

Entonces tu lugar duro se convierte en tu lugar alto.

Cuando dejas atrás a Gilgal, cuando permites a Dios darte Su sueño para tu vida, entonces el dolor de tu pasado se convierte en la esperanza por un mejor futuro.

Cruzas el desierto y entras a la Tierra Prometida. Tu pesadilla ha sido reemplazada por un sueño. Tú y tu familia tienen un vistazo del cielo descendiendo.

A través del poder del Espíritu Santo, esta es la década en que tu sueño se vuelve realidad.

Este es el año en que darás un paso gigante hacia la realización del sueño que Dios ha plantado dentro de ti.

Este es el mes en que confiarás en Él para que te muestre más de Su propósito para tu vida.

Este es el día que rindes todo lo que has estado reteniendo, a todo lo que te has estado aferrado en tu propio poder, y tomas Su mano.

Este es el momento, aquí mismo y ahora mismo, incluso mientras lees las palabras en esta página, en que decides si vas a demorar la gloriosa aventura que Dios tiene para ti o tomar el siguiente paso. No sé la razón por la cual decidiste leer este libro. ¡Pero sé que no fue por accidente!

Me atrevo a decir que es tiempo de que avances a ver a tu sueño cobrar vida.

¡Gilgal ha pasado y ahora vas rumbo a Betel!

Tejiendo Sueños

Cuando la escalera de tus sueños aparece ante ti, cambia tu vida, porque ya no estás donde antes estabas: vas en camino hacia arriba. Cuando Dios te da Su sueño para tu vida, entonces nada puede impedir que asciendas a lugares más altos. Tu ascenso probablemente no será fácil, pero te llevará a cosas que nunca antes habías visto o siquiera imaginado.

Posiblemente otros te traten de manera diferente porque los soñadores son peligrosos. Jacob descubrió eso cuando trató con su hermano, su tío, sus esposas y sus hijos. José, quien era el hijo favorito de Jacob, aprendió de la manera difícil que tus sueños les pueden provocar los celos a otros. Pero cuando eres fiel mayordomo de todo lo que Dios te da, tus sueños también te pueden salvar. José, quien fue vendido como esclavo por sus hermanos, fue llamado desde la prisión, donde había terminado después de que la esposa de Potifar lo acusara falsamente, para interpretar los sueños de Faraón. Gracias a los dones de José como soñador, no solo le explicó a Faraón lo que significaban sus sueños, sino que llegó a ser el segundo al mando en todo Egipto.

Otro José fue un soñador, un carpintero de Nazaret quien estaba comprometido con una joven virgen llamada María. Cuando ella fue escogida para ser la madre de Jesús, José tenía planes de hacer la cosa honorable y discretamente terminar con el compromiso. Pero recibió un mensaje por parte de Dios en un sueño que le ordenaba cumplir su promesa a María y proceder con su matrimonio, lo cual él hizo. Más adelante, después de que María diera a luz a Cristo en Belén, Josué recibió la advertencia por medio de un sueño de huir a Egipto para escaparse del Rey Herodes.

Dios siempre ha usado sueños y a soñadores para lograr Sus propósitos, ¡y todavía lo hace! Su Palabra nos dice, «Sucederá que en los últimos días —dice Dios—, derramaré mi Espíritu sobre todo el género humano. Los hijos y las hijas de ustedes profetizarán, tendrán visiones los jóvenes y sueños los ancianos» (Hechos 2:17). Esta promesa nos recuerda que no solo soñamos por nosotros mismos, sino que también soñamos por nuestros hijos, los hijos de nuestros hijos, por nuestra comunidad, por nuestra nación.

Los soñadores divinos ayudan a que los sueños de otras personas se vuelvan realidad. Saben que para mantener sus ojos puestos en el premio, tienen que mantener en sus vidas a las personas clave que Dios ha puesto en sus vidas. Ellas suelen ser tejedores de sueños; sostienen y animan, aprenden y crecen mientras se preparan para realizar sus propios sueños divinos.

Los soñadores y tejedores de sueños se ayudan mutuamente a mantener sus ojos puestos en el premio. Mientras que Elías le seguía diciendo a Eliseo «quédate aquí» antes de ir a al siguiente lugar, Eliseo seguía insistiendo: «no te dejaré solo» (2 Reyes 2:2, 4, 6). Elías quizá quería preparar a su discípulo para el tiempo cuando ya no estarían juntos, adiestrando a Eliseo para tomar el manto como el profeta de Dios. Eliseo, sin embargo, rehusaba abandonar a su mentor debido a su compromiso a Elías y al Señor.

Cuando Elías le dijo que se quedara, también lo estaba probando. Aunque Dios había dirigido a Elías a este joven en el campo, el profeta quizás quería confirmación de la dedicación de Eliseo al trabajo. Si Eliseo seguía comprometido con Elías, entonces el joven profeta permanecería comprometido con Dios cuando Elías partía para el cielo. Cuando hacemos nuestra transición de nuestro arado a nuestro manto, sospecho que todos seremos probados de la misma manera.

¿Cuántas veces has aprobado esa prueba?

¿Cuántas veces has reprobado esa prueba?

¿Permanecerás en esa sola temporada?

¿Permanecerás en esa sola experiencia?

¿Quedarás satisfecho con ese momento singular?

¿Llegarás a ser complaciente?

¿Te pondrás cómodo?

¿Permanecerás aquí en este momento, en esta temporada, en este capítulo... pase lo que pase?

¿Estarás satisfecho con solo esto?

Eliseo pudo haber elegido obedecer a su mentor y quedarse atrás. Pero Eliseo había madurado lo suficiente para decir: «¡No! A donde tú vayas, yo iré».

Si esta experiencia hubiera sido dolorosa y disruptiva, posiblemente hubiera obedecido la instrucción de Elías y se hubiera quedado allí. Cuando otros nos protegen o se sacrifican por nosotros, es fácil convencernos a nosotros mismos que podemos permanecer allí. Pero como creyentes, como hijos de la cruz, los que hemos sido designados a vivir la vida y vida abundante, somos probados continuamente no entre lo malo y lo bueno, sino entre lo bueno y lo grandioso.

No entre el fracaso y el éxito.

Sino entre sobrevivir y prosperar.

Algunas personas se estancan en lo bueno cuando Dios tiene algo grandioso.

Algunas personas se estancan en el sobrevivir cuando Dios quiere que prosperen.

Algunas personas se estancan en el estatus quo cuando Dios quiere sacudir las cosas.

¡No te estanques!

No te estanques en un momento, en una experiencia, en un capítulo, en una temporada. No importa lo bueno que parezca ser, permanecer allí cuando Dios te llama a avanzar es tomar un paso atrás. El Señor tiene más para ti. Confía en Él que los tejedores en tu vida están allí para acompañarte en tu travesía espiritual. No es el tiempo de estar satisfecho y quedarte a un lado. Nunca te conformes con menos de lo que es lo mejor de Dios para tu vida.

La única manera de resistir conformarte es mantener tus ojos fijos en el premio.

Tienes que permanecer enfocado y querer más, más de Dios en cada área de tu vida:

Más de Su presencia.

Más de Su gloria.

Más de Su poder.

Más de Su amor.

Más de Su verdad.

Más de Su carácter.

Más de Su sabiduría.

Más de Su favor.

Más de Sus bendiciones.

Más del Padre.

Más del Hijo.

¡Más de Su Espíritu Santo!

Cuando mantienes tu enfoque en el Señor y aceptas Su manto de promoción, entonces no solo recibes más sino das más. Se espera más de ti. Jesús dijo: «A todo el que se le ha dado mucho, se le exigirá mucho; y al que se le ha confiado mucho, se le pedirá aún más» (Lucas 12:48).

Y cuando tienes tus ojos puestos en el premio eterno, entonces debes advertir a todos los que están en tu derredor. Debes estar preparado a nadar en una marea desbordante de bendiciones. Porque cuando traes puesto el manto de promoción y te comprometes a ir la distancia, recibirás más de lo que jamás pudieras imaginar.

Cuando llegas a cierto punto y avanzas de Gilgal a Betel, entonces lo suficiente ya no es adecuado a los ojos del Señor. Él puede hacer mucho más abundantemente que cualquier cosa y todo lo que podríamos imaginar o esperar recibir. «Y a Aquel que es poderoso para hacer todo mucho más abundantemente de lo que pedimos o entendemos, según el poder que obra en nosotros, a Él sea la gloria en la iglesia y en Cristo Jesús por todas las generaciones, por los siglos de los siglos» (Efesios 3:20-21 NBLA).

Cuando llegas a un momento parteaguas como Betel, entonces Dios realizará tus sueños y te dará más sueños. Te dará más de quién Él es y te dará poder para ser un conducto de Su más para otros.

Más de Él y menos de ti significa más propósito, poder y paz en tu vida:

Más personas salvadas.

Más personas liberadas.

Más personas sanadas.

Más personas libertadas.

Más personas bautizadas con el Espíritu Santo.

Más echar fuera demonios, más cambios a la atmósfera,
    ¡más voltear al mundo al revés para la gloria de Jesús!

El fracaso no es una opción

Toda persona, sin faltar una, en el planeta hoy está en una travesía espiritual. Cada uno de nosotros o está fracasando o avanzando, está caminando por fe o está estancado en un solo lugar, está sobreviviendo o prosperando. Si sientes que no puedes avanzar más allá de tu arado para aceptar el manto de promoción que Dios tiene para ti, entonces posiblemente sea el tiempo de reconsiderar tu enfoque. ¿Estás mirando hacia abajo cuando debieras estar mirando hacia arriba?

A través de toda la Biblia vemos lecciones que revelan por qué las personas fracasan. Aprendemos de Adán y Eva en el huerto que fracasamos cuando escuchamos las opiniones de otros y desobedecemos los mandatos de Dios.

Aprendemos de Caín que la envidia es un portal al fracaso.

Aprendemos de la esposa de Lot que fracasamos cuando miramos hacia atrás.

Aprendimos de Sansón que fracasamos si encontramos comodidad en la fachada de la belleza llamada engaño.

Aprendemos del Rey Saúl que fracasamos cuando contristamos y apagamos al Espíritu Santo.

Aprendemos de Judas que fracasamos cuando nos conformamos con vivir en la presencia de Jesús pero nunca permitimos que la presencia de Jesús viva en nosotros.

Aun si no hemos leído y aprendido estas lecciones de las Escrituras, una vez que invitamos a Jesús a nuestras vidas y a Su Espíritu Santo a nuestras vidas, el fracaso no es una opción.

Para los creyentes que han nacido de nuevo, el fracaso no es una opción.

Para los redimidos del Señor, el fracaso no es una opción.

Para los que han sido lavados por la sangre del Cordero Jesucristo, el fracaso no es una opción.

Para las personas llenas con el Espíritu Santo, el fracaso no es una opción.

No es meramente mi afirmación audaz: ¡es la santa promesa de Dios!

Según Dios, Aquel que te conoció antes de que nacieras, no eres un fracaso.

No solo no eres un fracaso, nunca vivirás en el fracaso.

No solo no eres un fracaso y no solo nunca vivirás en el fracaso, sino que tus hijos y los hijos de tus hijos y los hijos de los hijos de tus hijos nunca serán fracasos ni vivirán en el fracaso.

Cuando estás en las manos de Dios, ¿cómo puedes vivir en el fracaso? Su Palabra nos promete esto: «Desde la eternidad y hasta la eternidad, yo soy Dios. No hay quien pueda arrebatar a nadie de mi mano; nadie puede deshacer lo que he hecho» (Isaías 43:13 NTV). Jesús les asegura a Sus hijos con estas palabras: «Yo les doy vida eterna, y nunca perecerán, ni nadie podrá arrebatármelas de la mano» (Juan 10:28).

Repite después de mi: «En cuanto a mí y mi casa, el fracaso no es una opción. Rechazo el fracaso, reprendo el fracaso, refuto el fracaso, rehúso el fracaso. No somos fracasados y nunca viviremos en el fracaso».

¿Pero qué de cuando tropezamos? ¿Qué de las ocasiones cuando caemos?

Incluso cuando caemos, caemos dentro de los confines de la sombra del Todopoderoso.

Caemos en la gracia y en la mano de Dios.

Caer no es fracasar cuando estás en las manos de Dios.

Sobrevivientes del alma

Elías sabía de primera mano que su caída no era su fracaso, una verdad que él luego pasó a Eliseo. Elías había visto a Dios hacer milagros asombrosos, maravillosos, increíbles, y sin embargo, al profeta de todas maneras le entró el miedo, de todas maneras huyó, de todas maneras se escondió en una cueva. Incluso allí, en la oscuridad del temor, extremo cansancio, ansiedad y desesperanza de Elías, Dios se encontró con él. Dios de todas maneras proveyó para él y le restauró a Elías no solo su cuerpo sino también su espíritu.

Elías sabía lo que significaba ser un sobreviviente del alma así como todos somos sobrevivientes del alma.

Todos hemos pasado por cosas.

Todos compartimos algunos elementos comunes que enlazan a todos los sobrevivientes.

Muchos, si no todos, tenemos cicatrices, algunas visibles y otras no.

Pero solo tienes que recordar la cojera de Jacob o las cicatrices en las manos de Jesús para darte cuenta de que tus cicatrices no te descalifican.

Tus cicatrices te recuerdan que eres vencedor.

Tus cicatrices te recuerdan que si Dios lo hizo antes, lo puede volver a hacer.

Los sobrevivientes son más compasivos cuando ven a otros pasar por pruebas.

Los sobrevivientes son menos juiciosos y más comprensivos.

Los sobrevivientes alaban de forma un poco diferente.

Los sobrevivientes oran de forma un poco diferente.

Los sobrevivientes adoran de forma un poco diferente.

Los sobrevivientes predican de forma un poco diferente.

Los sobrevivientes profetizan de forma un poco diferente.

Los sobrevivientes tienen un testimonio que sirve de prueba de que el diablo es un mentiroso.

El infierno dijo que no sobrevivirías esa sequía espiritual, pero lo hiciste.

El infierno dijo que no sobrevivirías ese fuego santo, pero lo hiciste.

El infierno dijo que no sobrevivirías esa tormenta, pero lo hiciste.

¿Cómo sobreviviste? ¡Porque el Señor estaba contigo! Él dijo: «Cuando pases por aguas profundas, yo estaré contigo. Cuando pases por ríos de dificultad, no te ahogarás. Cuando pases por el fuego de la opresión, no te quemarás; las llamas no te consumirán» (Isaías 43:2 NTV).

Cuando has sobrevivido las pruebas y tribulaciones de la vida, cuando has sufrido pérdidas inesperadas, cuando has pasado por la adicción y relaciones personales rotas, cuando has pasado por todo el abuso, la traición y la negligencia que otros te han causado, entonces sabes que el fracaso no es una opción. Tus ojos están puestos en el premio, y el poder de Dios te hace imparable. Posiblemente te veas forzado a ir más lento, tomar un desvío, detenerte para recuperar el aliento o buscar nueva dirección. Pero no te pueden parar, así como no pudieron parar la intención de Eliseo de acompañar a Elías en sus últimos días.

¡Los sobrevivientes del alma son creyentes de Betel! Saben que incluso sus peores momentos pueden ser redimidos por Dios para Sus propósitos y Su gloria. Ellos son ejemplos vivos y respirantes del amor de Dios en acción, quienes saben la verdad definitiva: «Y sabemos que Dios hace que todas las cosas cooperen para el bien de quienes lo aman y son llamados según el propósito que él tiene para ellos» (Romanos 8:28 NTV).

Los sobrevivientes saben que a medida que maduran en la fe, ¡se convierten en personas que prosperan!

Prospera con el premio

Lamentablemente, muchas personas se pierden en el camino entre Gilgal y Betel. En vez de hacer la transición de sobrevivir a prosperar, del desierto a la Tierra Prometida, demasiadas personas se aferran al pasado. Cuando estás estancado en un lugar, te acondicionas para simplemente sobrevivir. Dejas de soñar y esperar y confiar en Dios cada día. Y a medida que tu fe se evapora, te mueres en el desierto. Demasiadas personas rehúsan tomar pasos de fe aun cuando se están muriendo de sed por el agua viva que Jesús da tan generosamente.

Demasiados se mueren en el desierto de las escusas.

Demasiados se mueren en el desierto de «si tan siquiera».

Demasiados se mueren en el desierto del narcisismo.

Demasiados se mueren en el desierto de la victimización perpetua.

Demasiados se mueren en el desierto de la dependencia.

Demasiados se mueren en el desierto de la postergación.

Demasiados se mueren en el desierto del pecado.

Demasiados se mueren en el desierto de vivir carnalmente.

Demasiados se mueren en el desierto de mentiras.

Mi amigo, es tiempo de reclamar los sueños de Betel en tu vida.

Es tiempo de rehusar vivir en el desierto de la decepción, desilusión y distracción.

Es tiempo de prosperar en la tierra abundante de leche y miel, de esperanza y amor y fe. El contraste lo resume mejor Jesús mismo: «El propósito del ladrón es robar y matar y destruir; *mi propósito es darles una vida plena y abundante*» (Juan 10:10 NTV).

Sobrevivir es para una temporada temporal.
Prosperar es un estilo de vida permanente.

Para sobrevivir tienes que aprender a salir del infierno.
Para prosperar tienes que aprender a subir la escalera de tus sueños celestiales.

Sobrevivir se trata de superar.
Prosperar se trata de desbordar.

Para sobrevivir debes combatir a tus enemigos para deshacerte de ellos.
Para prosperar debes combatir para deshacerte de tus propias dudas, temores y complacencia.

Sobrevivir requiere gracia.
Prosperidad demanda santidad.

Para sobrevivir debes descubrir que hay poder en la sangre de Jesús.

Para prosperar tienes que vivir en la certeza del poder en el nombre de Cristo.

Sobrevivir requiere confesar y creer.

Prosperar requiere adoración en Espíritu y en verdad.

Para sobrevivir tienes que pedirle a Dios que te perdone tus pecados.

Para prosperar tienes que aprender a perdonar a quienes han pecado contra ti.

Sobrevivir tiene que ver con recibir la bendición.

Prosperar tiene que ver con *convertirse* en la bendición.

Para sobrevivir tienes que ver en el espejo.

Para prosperar tienes que ver por la ventana.

Sobrevivir requiere un corazón limpio.

Prosperar demanda una mente renovada.

Sobrevivir es caminar con la cojera de Jacob.

Prosperar es ascender por la escalera de Jacob.

Sobrevivir es maná y agua en el desierto.

Prosperar es leche y miel en la Tierra Prometida.

Para sobrevivir, la gloria tiene que llenar el Templo.

Para prosperar, la gloria postrera siempre tiene que ser mayor que la gloria anterior.

Sobrevivir tiene que ver con edificar altares.

Prosperar tiene que ver con tirar altares falsos.

Sobrevivir tiene que ver con la cruz.
Prosperar tiene que ver con la resurrección.

Sobrevivir tiene que ver con el proceso.
Prosperar tiene que ver con el resultado.

Sobrevivir es Dios cambiándote a ti.
¡Prosperar eres tú en Cristo cambiando al mundo!

Sobrevivir es mirar hacia abajo al suelo.
¡Prosperar es mantener tus ojos puestos en el premio!

Empuja tu arado, conoce tu manto

Usa estas preguntas y la oración inicial a continuación como una oportunidad para tomar una pausa, eliminar distracciones, y aquietar tu corazón delante de tu Padre celestial. Apaga tu teléfono, cierra tu pantalla, apaga tu computadora, y procura darle a Dios tu atención completa y exclusiva. Al comenzar a reflexionar y compartir tu corazón, escucha cuidadosamente el susurro del Espíritu Santo. Piensa acerca de lo que necesitas eliminar para enfocarte más en tu relación con Dios y mantener tus ojos en el premio.

1. ¿Cuáles son las mayores distracciones de tu vida ahora? ¿Qué aleja tu atención de enfocarte en tu relación con el Señor? ¿Qué necesita cambiar para ajustar tus prioridades?

2. ¿Qué sueños has dejado en suspenso porque te has estancado en lugar de confiar más en Dios y moverte hacia un lugar de prosperidad? ¿Qué sueños te está Él guiando a perseguir y realizar ahora mismo?

3. ¿Qué significa para ti mantener tus ojos puestos en el premio mientras caminas por fe y no por vista durante esta temporada actual en tu vida? ¿Qué se requiere para que puedas dejar atrás el pasado y vivir la vida abundante que Él tiene para ti?

Querido Señor, gracias por los muchos regalos de la vida abundante que ya has derramado en mi vida. Perdóname cuando doy por sentadas tus bendiciones y permito que mis necesidades se antepongan a las necesidades de otros. Que yo sea un buen mayordomo de todo lo que me confías ahora y en el futuro. Estoy tan agradecido por los otros soñadores y tejedores de sueños que has puesto en mi vida. Danos a todos la fuerza para seguir en nuestras travesías como Elías y Eliseo, rehusando dejar el uno al otro atrás. Rehúso morir en el desierto de errores y tropiezos pasados. Sé que posiblemente caiga pero nunca fracasaré porque mi vida está en Tus manos. ¡Que todo lo que yo haga sea para Tu gloria y honor, mi Rey! Amén.

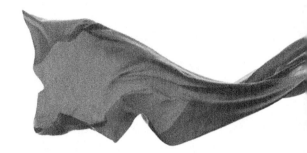

9

La promesa de Jericó y el descubrimiento en el Jordán

Cuando no puedes ver un camino hacia adelante, ¡Dios hace un camino para que cada muro se convierta en tu puente!

Cuando una promesa se cumple, descubres el poder para perseverar.

Cuando estás viviendo en la promesa, puede ser desafiante, frustrante y abrumador esperar su cumplimiento. Pero a medida que experimentas el poder profético que viene con tu manto de promoción, tu descubrimiento lleva al próximo paso y luego al próximo.

Piensa de ello de esta manera: cuando Eva y yo entramos al santo matrimonio como esposo y esposa, hicimos votos el uno al otro. Durante nuestra ceremonia de bodas, nos comprometimos el uno al otro exclusivamente y prometimos amar, cuidar, honrar y servir el uno al otro. En el altar el día de nuestra boda, nuestros votos expresaron nuestro amor y el deseo de nuestros corazones delante de Dios y otros.

193

Pero nuestra promesa mutua de por vida no se había cumplido o probado porque nuestra travesía como matrimonio apenas había comenzado. Ahora que llevamos más de veinte años de casados, hemos descubierto lo que nuestro compromiso mutuo realmente significa. Por la gracia de Dios y la paciencia de mi bella novia, no hemos experimentado la mayoría de las tribulaciones, traumas y tormentas que prueban a muchos en sus matrimonios. Sin duda, no ha sido fácil —aun los mejores matrimonios requieren trabajo, sacrificio y dedicación total—, pero después de mi relación con el Señor, amar a Eva y ser amado por ella han tenido el mayor impacto en mi vida.

Cuando una promesa de Dios se cumple, descubres nuevo poder, nuevas cumbres y nuevos caminos. A medida que Dios revela Su presencia, vence todos los obstáculos y crea un camino donde tú no puedes ver uno, empiezas a confiar en Él más y más. Tu amor crece y te vuelves más paciente, más dispuesto a esperar, más obediente a Sus caminos aun cuando no se conforman a la lógica, a los tiempos o al razonamiento humanos.

Los milagros nunca son predecibles, pero los puedes esperar cuando vives en el poder del Señor. Cuando se agotan tus recursos, Dios provee todo lo que necesitas. Cuando tu vida te presenta una situación totalmente imprevista, Dios te capacita para enfrentarla y superarla. Cuando no ves una manera de avanzar, Dios te abre un camino. Cuando das contra la pared, Dios hace un puente.

Amigo o enemigo

Después de dejar a Gilgal y a Betel, Elías anunció que Jericó era su próxima parada. Una vez más, le dijo a Eliseo que se quedara allí mientras él iba solo, y una vez más, Eliseo insistió: «Tan cierto como que el Señor vive y que tú vives, ¡nunca te dejaré!» (2 Reyes 2:4 NTV). Toma nota de la manera doblemente condicional de la declaración de Eliseo: tan cierto como el Señor vive y tan cierto como Elías vivía. Dios siempre ha vivido y siempre vivirá, así que Eliseo estaba indicando que su compromiso a su mentor era para siempre. Paradójicamente, el único límite que había en ese momento dependía de los momentos que todavía tendrían juntos antes de que Dios se llevara a Elías al cielo ese día.

Y Eliseo sabía que el tiempo de Elías en la tierra estaba llegando a su fin porque las visitas de estos dos profetas renombrados del Señor no habían pasado por desapercibido. En tanto Betel como Jericó, el grupo de profetas en ambas áreas se reunió y le preguntó a Eliseo: «¿Sabías que hoy el SEÑOR se llevará a tu amo?» Y cada vez, Eliseo contestó: «Sí, lo sé, pero ¡no digan nada!» (ver 2 Reyes 2:3, 5). La escena repetitiva me parece cómica, con todos los profetas locales deseosos de informar al profeta visitante lo que él ya sabía que estaba a punto de suceder.

Con Dios nada es coincidencia, y sin duda no fue su visita a Jericó. Así como Gilgal y Betel tenían historia espiritual significante, también era el caso con Jericó. Después de que Josué guiara al pueblo de Israel a entrar a Canaán, Jericó fue la primera ciudad que se interpuso entre ellos y la Tierra Prometida. Ellos se habían escapado de Egipto cuando huyeron por medio del Mar Rojo, el cual partió milagrosamente para que pudieran pasar, habían vagado en el desierto por cuarenta años, habían cruzado el Río Jordán, que también se partió para ellos, y ahora finalmente habían llegado a su destino divino solo para dar contra un muro, literalmente: el muro defensivo que protegía a la ciudad de Jericó. A pesar de las promesas de Dios, los israelitas eran tan humanos como los demás de nosotros y probablemente se preguntaban cómo sería posible conquistar

una ciudad fortificada como Jericó. Ten en cuenta que después de que Israel se escapara de Egipto, Moisés y Aarón
enviaron a doce espías, incluyendo a Josué, para explorar la
tierra de Canaán. Cuando regresaron después de cuarenta
días, diez de los espías pensaban que nunca podrían vencer
a los cananeos, comparándose como saltamontes entre ellos
(ver Números 13:33). Solo Josué y Caleb tuvieron la fe de que
Dios cumpliría Su promesa y los facultaría para conquistar
esta tierra.

Como podríamos esperar, entonces entró el temor y la incertidumbre en las mentes del pueblo de Israel al enfrentarse
a Jericó. Seguro, Dios se había hecho presente y había obrado
a favor de ellos vez tras vez, pero ¿cómo sería posible derrotar
una ciudad fortificada con un muro y protegida por un ejército?

Puede que Josué mismo haya preguntado lo mismo, porque
después de la instalación de su campamento, la conmemoración
y el rito de circuncisión en Gilgal, se encontró con un ominoso
extraño:

Cierto día Josué, que acampaba cerca de Jericó, levantó la vista
y vio a un hombre de pie frente a él, espada en mano. Josué
se le acercó y le preguntó: —¿Es usted de los nuestros, o del
enemigo?

—¡De ninguno! —respondió—. Me presento ante ti como
comandante del ejército del SEÑOR.

Entonces Josué se postró rostro en tierra y le preguntó: —¿Qué
órdenes trae usted, mi Señor, para este siervo suyo?

El comandante del ejército del Señor le contestó: —Quítate
las sandalias de los pies, porque el lugar que pisas es sagrado.

Y Josué le obedeció.

Josué 5:13-15

«¿Amigo o enemigo?» Josué básicamente le hizo a este extraño armado una pregunta que demostraba tanto sabiduría como madurez. En vez de hacer una suposición, Josué le preguntó directamente a este hombre dónde quedaba su lealtad. Como líder, Josué rehusaba saltar a conclusiones y suponerse lo peor, o lo mejor, de este solitario desconocido. Fue una buena movida, también, porque la respuesta dramática de este hombre probablemente le sorprendió.

«De ninguno —contestó el extraño—, sino soy comandante del ejército del Señor». Espera un momento: ¿estaba diciendo el comandante del ejército del Señor que no estaba a favor del pueblo de Israel? Pero Dios mismo los había llevado a este lugar para que fuera su nuevo hogar. ¿Por qué contestaría este tipo de la manera que contestó si en verdad era de Dios?

Puede que la respuesta sale de la reacción de Josué; se postró rostro en tierra y luego se quitó las sandalias porque estaba en tierra santa. Josué no cuestionó la afirmación e instrucción de este hombre, sino que en su lugar confió que él era quien decía ser, haciendo lo que Dios lo había enviado allí a hacer.

Sospecho que esta situación fue una prueba que Dios usó para evaluar la confianza, humildad y fe de Su pueblo. Una respuesta por parte de Josué que mostrara arrogancia o autoridad falsa no honraría a Dios; la agresión y violencia tampoco lo haría. Duda y escepticismo hubieran sido igualmente irrespetuosos. En su lugar, Josué aceptó la palabra del hombre y tuvo la única respuesta apropiada: adoración. Y solo para ser claro, él no estaba adorando a este hombre, quien, según algunos maestros de la Biblia, probablemente era un ángel; sino más bien estaba adorando a quien este hombre servía: el único Dios vivo, santo y poderoso.

Para entrar a la promesa de Dios, nuevamente, debemos quitar todo estorbo, incluso mientras nos inclinamos ante Él.

Cualquier respuesta que nos sea adoración hace que sea difícil experimentar el cumplimiento de Sus promesas. Cuando rendimos nuestros corazones, mentes, cuerpos y voluntad ante el Señor, demostramos total dependencia en Su carácter, Su poder y Su bondad. «Aunque el SEÑOR me mate, yo en él confío» (Job 13:15 RVC).

Aunque Josué no se enfrentó a la misma severidad que Job en esta prueba en particular, la actitud de su corazón de todas maneras estaba bajo escrutinio. Y aparentemente pasó la prueba de manera excelente porque Dios procedió a instruirle en cuanto a cómo conquistar a Jericó: con una promesa que nos empodera para perseverar hasta el día de hoy.

Arriesga como Rajab

Josué había aprendido de Moisés que nada es imposible para Dios. Ya sea partiendo mares y ríos o proveyendo el pan diario en forma de maná, el Señor siempre se ocupó de las necesidades de Sus hijos. Josué sabía que Dios quería que el pueblo de Israel tomara posesión de la Tierra Prometida. Y Josué también reconocía que Dios era más poderoso que cualquier tribu, rey, ejército o fortaleza. Al observar el muro alrededor de Jericó, sin embargo, Josué de todas maneras tenía que haberse preguntado cómo se derrumbaría.

Antes de adelantarme con nuestra historia, sin embargo, permíteme recordarte que anteriormente, Josué había enviado a dos de sus hombres a espiar a Jericó y tomar nota de sus defensas. Sus dos tenientes se quedaron en la casa de Rajab, una prostituta que estuvo dispuesta a ocultarlos de los hombres del rey a cambio de protección para su familia cuando los israelitas atacaran la ciudad. Ella había escuchado del poder del Señor para rescatar a los israelitas de Egipto y sostenerlos en el desierto hasta que llegaran a Canaán (ver Josué 2).

La historia de Rajab en sí es un ejemplo increíble de confianza en Dios, de quien ella conocía muy poco, para abrir un camino donde no existía uno. Lógicamente, ella no tenía ninguna razón para albergar a los espías, podría haber puesto en gran riesgo a su misma familia que quería salvar. Pero el Espíritu de Dios debió haber susurrado suavemente a su corazón, así que ella tomó un gran salto de fe. Su paso tan valiente no solo resultó en que su familia se salvara, sino que ella figura entre solo otras tres mujeres en la genealogía de Mateo de Jesús (ver Mateo 1:5).

En casi cada mención de ella, es llamada Rajab la ramera o, dependiendo de la versión de la Biblia, Rajab la prostituta. Este sobrenombre no era una condenación malintencionada, sino simplemente una forma de identificarla por su vocación. Si ella no hubiera tenido ese trabajo en particular, posiblemente hubiera sido conocida como Rajab la tejedora o Rajab la panadera.

Incluir su profesión vergonzosa cada vez que es mencionada, sin embargo, nos recuerda a nosotros, y básicamente a toda persona después del tiempo de Rajab, que Dios usa a cualquier persona dispuesta a confiar en Él. Rajab era cananea, así que era automáticamente enemiga de los israelitas, además de prostituta; era alguien que se ganaba la vida haciendo lo que el Señor les había dicho a los israelitas que debían reservar exclusivamente para el matrimonio entre un hombre y una mujer. Su gran acto de fe fue mentir a sus propios paisanos, básicamente cometiendo un acto de traición.

Y, sin embargo, Rajab —presumiblemente la menos propensa a servir a Dios con valentía— también está incluida en la «sala de la fama de la fe» en Hebreos: «Por la fe la prostituta Rajab no murió junto con los desobedientes, pues había recibido en paz a los espías» (Hebreos 11:31).

Después de irse los dos espías, ella colgó un cordón rojo desde la ventana de su casa como una señal de su voto: ella no revelaría las intenciones de los israelitas, y ellos la rescatarían en la batalla que venía. En vez de usar una letra escarlata para marcarla con vergüenza y repudio —como la valiente protagonista de la novela de Nathaniel Hawthorne que habla de la sociedad castigadora de los Puritanos— Rajab usó su cordón de color carmín como una línea de vida hacia su nueva identidad.

Por confiar en Dios, Rajab experimentó el cumplimiento de una promesa de salvarle la vida.

Su familia vivió porque ella arriesgó todo en el Dios de quienes invadían su ciudad.

Ella descubrió una vida que superaba sus sueños más locos... y un rol en el linaje de Jesucristo.

Los muros se derribaron

Parece que Rajab no dudó de que los israelitas, con el poder y la unción de Dios, derribarían los muros de su ciudad, pero no estoy seguro de que el pueblo de Israel fuera igual de confiado. ¿Por qué? Porque el Señor usó a Jericó para transmitir una importante lección a Su pueblo acerca de encontrar su voz.

Como vemos aquí, conquistaron esta antigua ciudad ubicada en el punto noreste del Mar Muerto no por el poder militar, sino por el temor sónico:

> Las puertas de Jericó estaban bien aseguradas por temor a los israelitas; nadie podía salir o entrar.
>
> Pero el SEÑOR le dijo a Josué: «¡He entregado en tus manos a Jericó, y a su rey con sus guerreros! Tú y tus soldados marcharán una vez alrededor de la ciudad; así lo harán durante seis días. Siete sacerdotes llevarán trompetas hechas de cuernos

de carneros, y marcharán frente al arca. El séptimo día ustedes marcharán siete veces alrededor de la ciudad, mientras los sacerdotes tocan las trompetas. Cuando todos escuchen el toque de guerra, el pueblo deberá gritar a voz en cuello. Entonces los muros de la ciudad se derrumbarán, y cada uno entrará sin impedimento».

Josué 6:1-5

Me encanta la manera en que el Señor le dijo a Josué que Él ya había entregado a Jericó, incluyendo su rey y sus guerreros, en las manos de los israelitas. Sí, *entregó*: ¡tiempo pasado! Dios ya ha ganado todas nuestras victorias también. Sea cual sea tu Jericó, el Señor ya lo ha entregado a tus manos, y ahora tienes que perseverar para gritar hasta que los muros caigan y reclamar Su promesa.

Posiblemente estés luchando con una adicción a medicinas recetadas y sabes que no eres lo suficientemente fuerte para vencer por tu propia cuenta. Posiblemente estés luchando para recuperar tu salud después del impacto devastador de la pandemia. Podría ser tus finanzas y la batalla para salir de la deuda que se imponen como los muros de Jericó en tu vida. Posiblemente estés enfrentando conflictos en tu lugar de trabajo, traición en el hogar, rebelión por parte de tus hijos.

Sin importar qué, el Señor ya ha ganado la batalla por ti, así como la ganó para el pueblo de Israel. Su parte fue obedecer Sus instrucciones:

El séptimo día, a la salida del sol, se levantaron y marcharon alrededor de la ciudad tal como lo habían hecho los días anteriores, solo que en ese día repitieron la marcha siete veces. A la séptima vuelta, los sacerdotes tocaron las trompetas, y

Josué le ordenó al ejército: «¡Empiecen a gritar! ¡El Señor les ha entregado la ciudad!».

Josué 6:15-16

Encontrar tu voz y gritar en obediencia a Dios sigue siendo un tema resonante de Jericó. Existe un canto en inglés titulado «Josué peleó la batalla de Jericó». Es un canto bien conocido que se cree que tuvo su origen en el Evangelio Africano Americano y su tradición de himnos compuestos y entonados por los esclavos en el amanecer agridulce de nuestra nación.

Sin duda podemos entender por qué la victoria de los israelitas sobre Jericó apelaba a un pueblo oprimido que oraba por un día de liberación de las fuerzas poderosas que los esclavizaba, muy parecido a las oraciones de los hebreos para ser liberados de los egipcios antes de que Dios diera poder a Moisés para guiarlos a su nuevo hogar. La toma de Jericó es otra historia clásica de desvalidos que lograron vencer sus obstáculos. Y aunque inspira a cualquiera que se enfrente a situaciones aparentemente insuperables, la promesa de Jericó es válida para todos nosotros.

¿Qué es la promesa de Jericó? Es el poder de Dios para transformar cada muro que enfrentemos en un puente a un glorioso futuro. Es la promesa que los muros que obstaculizan tu progreso al futuro que Dios tiene para ti están a punto de derribarse. Es el grito santo que sale de tu boca hasta que tu garganta te duela y tu voz quede ronca. La promesa de Jericó es tu expectativa de que el poder de Dios puede abrir camino donde tú no puedes... y la anticipación de lo que está al otro lado de tus muros.

La promesa de Jericó es fundamental a tu arado de perseverancia y manto profético de promoción. Es un grito santo a los que se interponen en tu camino, advirtiéndoles que Dios los está derribando. Es el sonar de la trompeta celestial que celebra al Jericó que Dios ya ha conquistado en tu vida.

Marcha, adora, gana

No fue casualidad que Elías, junto con Eliseo, fuera allí en su gira de despedida a la tierra porque, al igual que las otras paradas de su ruta, Jericó representa una verdad eterna acerca de quién es Dios y cómo nos ama. Si quieres ver lo que nunca has visto, entonces debes reclamar las promesas de Dios y creer en su continuo cumplimiento. Debes perseverar por muy grande que sea el problema o por imposible que sea el déficit.

En otras palabras, no te conmociones, ni te desconciertes, ni te dejes sacudir cuando aparezca un muro en tu camino.

¿Por qué?

Porque, dicho de manera sencilla, hay una promesa detrás de ese muro.

Hay una oportunidad detrás de ese obstáculo.

Hay el favor de Dios detrás de ese temor.

Dondequiera que te encuentres en tu travesía, el muro delante de ti no te puede detener.

Ese muro se convertirá en tu puente por medio del poder del Dios vivo.

El mismo Señor del cielo y de la tierra que dio poder a los gritos de su pueblo para derribar los muros de Jericó te dará poder para hacer lo mismo con el muro de tu vida. . . .

El muro de la falta.

El muro del drama.

El muro de la vergüenza.

El muro de la traición.

El muro de dudar de sí mismo.

El muro de la desilusión.

El muro de la ansiedad.

El muro del temor.

El muro del fracaso.

El muro del engaño.

El muro de la enfermedad y las lesiones.

El muro de la soledad.

Ten en cuenta, sin embargo, que con cada muro, tenemos opciones. Cuando nos enfrentamos a un muro, tenemos que depender de Dios aun mientras cumplamos nuestra parte. Podemos pasar por encima del muro, podemos rodear el muro, o podemos derribarlo a gritos. Si la decisión dependiera de mí, probablemente simplemente treparía por encima de la mayoría de los muros que encuentre. O usaría explosivos para hacer un agujero lo suficiente grande por el cual pudiera pasar.

Pero no solo se trata de mí; ni siquiera se trata solo de ti.

Se trata de las generaciones que están siguiendo mis pisadas, no solo mis hijos, los hijos de mis hijos, y los hijos de los hijos de mis hijos, sino también las generaciones que siguen después de los que están dependiendo de mí —y de ti— en este momento por liderazgo y ánimo; aquellos junto a quienes caminamos mientras les ayudamos a derribar sus muros. Se trata de los Eliseos a quienes guiarás, los discípulos que encontrarás en el campo arando antes de que los cubras con tu manto de promoción y poder profético.

Tenemos, entonces, una sola opción viable: tenemos que derribar a gritos los muros que no nos tienen atados.

Porque yo no quiero que los que vengan después de mí tengan que enfrentar lo que yo estoy enfrentando hoy.

Así como tú no quieres que los que vengan después de ti tengan que aguantar lo que tú has batallado por tanto tiempo.

Si queremos que nuestros muros se conviertan en sus puentes, entonces tenemos que derribarlos a gritos.

Tenemos que derribar a gritos los muros que nos separan de donde estamos y dónde Dios quiere que estemos. Tenemos que derribar a gritos los adversarios y los obstáculos que bloquean nuestros caminos. Tenemos que obliterar nuestros muros para que las personas que animamos, y guiamos y cultivamos —y los que siguen después de ellos— se suban sobre los escombros y le den gracias a Dios y le alaben por lo que Él hizo a través de nosotros. Ellos leerán las placas y se les llenarán los ojos de lágrimas, al reconocer y celebrar el hecho de que alguien los amó lo suficiente para derribar esos muros para que ellos no quedaran encarcelados por ellos.

Ellos tendrán sus propios muros que derribar, pero no tendrán que lidiar con los muros que Dios permitió que tú y yo convirtiéramos en escombros con nuestros gritos. Cuando vivimos la promesa de Jericó del poder de Dios para perseverar, seguimos marchando hasta que llega el momento de gritar. Y luego, *gritamos* —con nuestra voz junto con la postura de nuestra alma— ¡mostrando que verdaderamente lo estamos haciendo en serio! Subiendo el volumen y profundizando en nuestra fe, hablamos la verdad con convicción, ahogamos la voz del enemigo en nuestras alabanzas a Dios, y declaramos las promesas que Dios nos ha hecho. Cuando confrontas una prueba, una tentación, un trauma o una tempestad, entonces sabes qué hacer.

Tienes que estar dispuesto por fe en Jesucristo de rodearla, alabarla hasta que la derribes con tus gritos, y luego te subes por encima de la misma. Marchas, luego alabas, y luego te subes. Marchas, adoras... y ganas.

Los gritos hacen eco

Elías se llevó a Eliseo a Jericó como un recordatorio de usar su voz como un instrumento del Señor. Que gritara para acabar con sus temores y vencer a quienes se interpusieran en la obra que estaba heredando. ¿Recuerdas lo que Eliseo le dijo al grupo de profetas que le preguntaron si sabía que Dios estaba a punto de llevarse a Elías ese día? «Sí, lo sé, no digan nada». Su respuesta puede que nos parezca irrespetuosa, pero si pensamos que ese no es el caso, entonces, ¿cuál sería la otra razón para silenciar a estos espectadores?

Decirles que se callaran contrasta con la directiva de Dios a Josué y a los israelitas de que gritaran en Jericó. Pero piensa acerca de esto por un momento. Este grupo de profetas le estaban diciendo a Eliseo algo que él ya sabía, ¡algo que ellos probablemente sabían que él ya sabía! Estaban desperdiciando su aliento, porque querían demostrar que ellos, también, eran escogidos de Dios. Eran privilegiados y basaban su identidad no en servir a Dios, sino en cómo servir a Dios podría elevar su estatus con otros.

Cuando hablamos para elevarnos a nosotros mismos, el resultado frecuentemente es lo opuesto a lo que era nuestra intención. Nos vemos arrogantes, presumidos, confianzudos, con demasiada confianza personal, tontos, y fuera de la realidad. En vez de esperar hasta que Dios nos instruya a hablar, hablamos para impresionar a otros y hacernos ver mejor. Sin humildad y dependencia de Dios, la promesa de Jericó es meramente un suspiro y no un grito. Recuerda, los susurros se desvanecen mientras que los gritos hacen eco.

En vez de ser parte de un grupo que presume su información privilegiada, rodéate con personas que no se cansarán por la marcha: personas dispuestas a trabajar al unísono por un propósito más alto y un objetivo celestial. Personas que están dispuestos a gritar todos a la vez.

Si no es el momento de gritar, entonces sería sabio hacerle caso a la directiva de Eliseo y permanecer callado. Dios no nos da sabiduría o provee dirección para que podamos impresionar a otros o exhibir nuestro estatus élite como Sus profetas. Recuerda que antes de que le dijera a Josué qué hacer para derrocar a Jericó, Dios envió al comandante de Su ejército para encontrarse con él. No puedo más que preguntarme si la directiva del Señor hubiera sido diferente, o hubiera tomado más tiempo para ejecutar, si Josué no hubiera demostrado humildad y reverencia en tierra santa.

Antes de que marchemos para entrar a la batalla y nos preparemos a gritar, tenemos que pasar tiempo adorando a Dios. Tierra santa viene antes que el campo de batalla. Si esperamos experimentar la promesa de Jericó y ver nuestros muros caer, entonces tenemos que estar inmersos en el Espíritu de Dios y la Palabra de Dios. Nuestros ojos tienen que estar puestos en el Hijo de Dios. ¡Enfócate en lo santo antes de gritar!

El descubrimiento en el Jordán

Elías y Eliseo podían oír los ecos de los gritos de Josué y los israelitas tantas generaciones después, si no de manera audible, entonces espiritualmente. Y su visita allí tiene que haber sido agridulce, porque después de Jericó solo faltaba un último destino antes de que el Señor se llevara a Elías al cielo: el Jordán. Después de repetir su diálogo de «¡Quédate aquí! Y «¡Nunca te dejaré!», los dos profetas llegaron a la orilla de río, junto con otros cincuenta profetas, quienes una vez más estaban especulando.

Ahora, si te parece raro que Elías y Eliseo tuvieran a estas personas siguiéndolos, entonces considera que los seguidores de Elías caían dentro de dos grupos. Por un lado, Eliseo caminó al lado de él y aprendió de él. Como hemos visto, Eliseo rehusó quedarse a pesar de la directiva de su mentor. Él estaba comprometido con Dios y con Elías de una manera que no le permitía dejar el lado de su maestro.

En contraste a esta clase de devoción personal, Elías tenía a otros que solo querían observar desde una distancia. No estaban allí para aprender de él o para servir junto a él. Simplemente querían disfrutar del espectáculo. Para decirles a otros qué era lo siguiente que iba a suceder. Para decir que habían visto al asombroso profeta de Dios que había vencido a los profetas de Baal.

Te consideres profeta o no, te encontrarás con las dos clases diferentes de personas.

Están aquellos que estarán junto a ti, caminando justo a tu lado.

Luego están aquellos que te observarán desde una distancia.

Las personas que se mantienen a una distancia son los que te estarán observando para ver si todavía «lo tienes».

Las personas que se mantienen a una distancia te estarán observando para ver si la unción todavía funciona.

Las personas que se mantienen a una distancia te seguirán con la anticipación desafortunada de verte caer o fracasar.

No te dejes definir por las personas a la distancia.

No te dejes definir por las personas que creen que te conocen, ¡cuando no te conocen de manera alguna! Básicamente cuando se trata de personas que se mantienen a la distancia, lo que ellos piensan y lo que dicen y lo que escriben en sus redes sociales tiene valor cero.

Si no han orado conmigo, entonces su perspectiva no importa.

Si no han caminado conmigo, entonces su sabiduría no importa.

Si no han peleado conmigo, entonces su seguimiento no importa.

Si quieres poder para perseverar en tu vida, entonces rodéate de personas que hablan a tu vida, y no que hablan acerca de ti.

Rodéate de personas que hablan acerca de tu futuro y no acerca de tu pasado.

Rodéate de personas que dirán: «¡Mira lo que el Señor ha hecho!» Y no, «¡Mira lo que el diablo puede hacer!».

Si estás buscando una descripción de esta clase de persona, no hay lugar mejor que el Salmo 1:

> Dichoso el hombre que no sigue el consejo de los malvados, ni se detiene en la senda de los pecadores ni cultiva la amistad de los blasfemos, sino que en la ley del Señor se deleita, y día y noche medita en ella. Es como el árbol plantado a la orilla de un río que, cuando llega su tiempo, da fruto y sus hojas jamás se marchitan.
>
> ¡Todo cuanto hace prospera! En cambio, los malvados son como paja arrastrada por el viento. Por eso no se sostendrán los malvados en el juicio, ni los pecadores en la asamblea de los justos. Porque el Señor cuida el camino de los justos, mas la senda de los malos lleva a la perdición.
>
> Salmo 1:1-6

Estas son las personas que irán la distancia contigo, marchando, gritando, y rehusando quedarse atrás cuando Dios te llama a seguir adelante. Estas son las personas que quieres en tu vida, tanto en la travesía y cuando llegues al siguiente lugar, sea que estés nivelando a Jericó o preparándote para cruzar el Jordán.

El camino y el Abre-Caminos

Cuando los dos profetas llegaron al río que fluía y obstaculizaba el camino, Elías usó su promesa de Jericó para hacer un descubrimiento en el Jordán. Habiendo vivido toda una vida viendo a Dios hacer lo imposible, Elías probablemente no se desconcertó por el problema de cómo cruzar el río. Posiblemente con poca fanfarria a pesar de los que observaban a una distancia, el profeta hizo lo que le venía naturalmente ya en este momento de su vida—*sobre*naturalmente: «Elías tomó su manto y, enrollándolo, golpeó el agua. El río se partió en dos, de modo que ambos lo cruzaron en seco» (2 Reyes 2:8).

El manto representaba autoridad divina.

El manto representaba llamado.

El manto representaba unción.

El manto representaba el don.

Elías no le dijo a Eliseo que el manto funciona.

Elías no le dijo a Eliseo que la oración funciona.

Elías no le dijo a Eliseo que vivir de manera santa funciona.

Elías no le dijo a Eliseo que obedecer la Palabra de Dios funciona.

Elías no le dijo a Eliseo que fuera al Jordán para ver si el manto funcionaba.

Elías lo mostró.

Elías le mostró a Eliseo qué hacer, cuándo hacerlo, y cómo se hacía.

Le comunicó esto silenciosamente: «Pues bien, hijo, te voy a mostrar qué hacer cuando te encuentres frente a una circunstancia donde no hay manera alguna de cruzar. No te voy a decir cómo hacerlo, pero te voy a mostrar. Toma la unción, la autoridad, el don, la gracia que Dios te ha dado y ejércelas. Mira al obstáculo, toma lo que tienes, coloca lo que tienes en lo que está delante de ti, y Dios garantiza que Él abrirá un camino donde no hay camino. Observa cuidadosamente porque no te voy a decir: te voy a mostrar».

¡Necesitamos una generación de líderes que le mostrará a la generación emergente cómo hacerlo! Personas que dirán: «No te voy a decir cómo vivir en victoria, te voy a mostrar lo que es vivir en victoria. No meramente te voy a decir cómo vencer; te voy a mostrar cómo vencer». Ellos comunican *¡Obsérvame!* Sin decir una sola palabra.

Obsérvame mover esa montaña.

Obsérvame echar fuera al diablo.

Obsérvame demandar que esa dolencia se desaparezca.

Obsérvame derribar esos muros con mis gritos.

Obsérvame orar hasta que baje el fuego.

Obsérvame matar al gigante.

Obsérvame salir del horno: ¡bronceado!

Obsérvame salir de esta tormenta con un barco totalmente nuevo.

Obsérvame decirle a la zorra que seguiré predicando la Palabra y sanando a los enfermos.

Obsérvame cambiar mi atmósfera.

Antes de que Elías partiera, le dejó a su heredero el mayor regalo que tenía para dar. Le mostró una poderosa verdad: Dios es el *Abre-Caminos*.

Tenemos que vivir en el poder del descubrimiento en el Jordán tal como lo hizo Eliseo.

Dios abrirá un camino donde no hay camino.

Él abrirá un camino cuando cierren todas las puertas en tu cara.

Abrirá el camino cuando tus detractores digan: «¡No hay manera!».

Abrirá un camino cuando el infierno diga: «¡No hay manera!».

Abrirá un camino cuando tú digas: «¡No hay manera!».

La Palabra de Dios destila la esencia de lo que Elías le mostró a Eliseo en el río Jordán ese día.

> Yo soy el SEÑOR, tu Santo, el Creador y Rey de Israel. Yo soy el SEÑOR, que abrió un camino a través de las aguas, e hizo una senda seca a través del mar... Pero olvida todo eso; no es nada comparado con lo que voy a hacer. Pues estoy a punto de hacer algo nuevo. ¡Mira, ya he comenzado! ¿No lo ves? Haré un camino a través del desierto; crearé ríos en la tierra árida y baldía.
>
> Isaías 43:15-16, 18-19 NTV

Ten en cuenta: Dios no solo es el Abre-Caminos.

Jesús nos dice que Él es el Camino (ver Juan 14:6).

Cuando estás en Cristo y Él está en ti, siempre habrá un camino.

Un camino para salir de la esclavitud, del fracaso, del pecado, de la derrota.

Él es el camino a través de la tormenta, a través de la tribulación, a través de la prueba.

Y Él es el camino a la vida abundante, la vida eterna, la vida nueva, la vida favorecida, la vida gloriosa, y la vida victoriosa.

Si quieres el poder para perseverar hasta la promoción, entonces sigue al Abre-Caminos.

Él niveló los muros de Jericó y partió las aguas del Jordán.

¡No hay nada que Él no pueda hacer por ti!

Empuja tu arado, conoce tu manto

A veces luchamos para caminar por fe porque nos volvemos impacientes esperando que Dios cumpla Sus promesas de las maneras que nosotros pensamos. Como hemos visto, Él a menudo está esperando a que maduremos. Pero Sus promesas son reales y eternas, y Él es el mismo ayer, hoy y mañana. Para experimentar la clase de poder profético que sostiene tu travesía de fe, tienes que marchar, adorar y observar mientras tus muros se derriben. Cuando llegas al próximo río sin un puente, sabes qué hacer. Usa tu manto y ¡confía en que Dios te mantendrá seco mientras cruzas el agua!

1. ¿Cuándo has experimentado el cumplimiento de una promesa de Dios? ¿Cuánto tiempo estuviste esperando? ¿Qué aprendiste de la experiencia?

2. ¿Qué Jericó actualmente te está amenazando, obstaculizando tu camino y demandando ser conquistado antes de que puedas proceder? ¿Cuáles son los muros que tienes que derribar a gritos para recibir lo que Dios ya te ha entregado?

3. Cuándo fue la última vez que hiciste un descubrimiento como el del Jordán y aprendiste al observar a otro creyente confiar en el poder de Dios para lograr algo sobrenaturalmente? ¿Cuándo fue la última vez que practicaste esto tú mismo?

Querido Abre-Caminos, hay tantas veces cuando no veo cómo puedo seguir adelante, cuando los muros de mi Jericó parecen ser demasiado altos e impenetrables. Pero aun que elijo confiar en Ti y obedecerte, también elijo marchar, adorar y gritar hasta que esos muros se derriben. Oro por la clase de fe que veo en Elías y Eliseo, la clase que Josué tuvo cuando dirigió al pueblo de Israel alrededor de los muros de la ciudad de Jericó. Sé que cada vez que me tope contra una pared, ¡Tú ya has abierto un camino para mí! Te doy todas mis gracias y alabanzas, Señor. Toda la gloria es Tuya y solo Tuya. Amén.

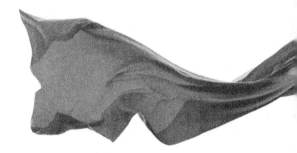

10

Tu doble porción

¡Nunca te enamores tanto de lo que llevas que te olvidas de quién te lleva a ti: ¡el Dios del manto es mucho más importante que el manto de Dios!

Hace poco celebré el aniversario de oro de mi nacimiento, es decir, ¡cumplí cincuenta años! Aunque mucha gente considera que esta edad es el punto de inflexión de la mediana edad, dejé claro a mis amigos y familiares que si me amaban de verdad, no habría pancartas de «más allá de la colina», globos negros o bromas acerca de funerales en mi fiesta de cumpleaños. En lugar de ello, yo quería saborear y celebrar los muchos momentos clave de la bondad de Dios en mi vida.

Al entrar a esta nueva década de mi vida, confieso que ya no corro tan rápidamente como solía correr la mayoría de los días. Pero me gusta pensar que soy un corredor inteligente que sabe cuándo empujar más allá de mis limitaciones para intentar superar lo máximo que he logrado hasta ahora. Posiblemente no tenga la energía y resistencia para pasar noches sin dormir mientras que esté poniendo todo mi tiempo en un nuevo ministerio, un nuevo libro o una nueva película. Pero me gusta creer que he aprendido a apreciar el valor del descanso «Sabbat» para recargar mi cuerpo, mente y espíritu. Puede que ya no programe la misma cantidad de reuniones, citas y conferencias como hacía cuando era un hombre más joven. Pero sé sin duda que soy más productivo para lo que importa más: invertir mi vida en los propósitos eternos.

Ya no me pongo frenético y estresado —está bien, *tan* frenético y estresado— cuando eventos inesperados descarrilan mis planes y posponen mis metas. Ahora me veo forzado a depender de los tiempos, la provisión y la dirección de Dios más que lo suficiente como para confiar en que Él siempre sabe mejor. De todas maneras, todavía siento la presión para cumplir todas las cosas que he sido llamado a hacer para avanzar Su Reino celestial aquí en la tierra.

En esos días cuando me siento abrumado por todo lo que espero lograr, frecuentemente oro la oración del salmista:

«Hazme saber, Señor, el límite de mis días, y el tiempo que me queda por vivir; hazme saber lo efímero que soy. Muy breve es la vida que me has dado; ante ti, mis años no son nada. ¡Un soplo nada más es el mortal!»

Salmo 39:4-5

Irónicamente, recordar que mis días están contados me quita la presión. Me doy cuenta de que necesito enfocarme solo en lo que el Señor me llama a hacer este día. En vez de afectar mi visión negativamente, rendir mi voluntad a la de Él a diario provee una perspectiva eterna.

Maximiza tu manto

Días de cumpleaños recientes no son el único factor que me recuerdan a aprovechar lo mejor posible mi tiempo. Como pastor también veo la pérdida trágica de alguien que deja asuntos inconclusos para sus seres amados aquí en la tierra. No hay nada más triste que predicar en el funeral de alguien que se fue sin haber dicho las palabras amorosas que debió haber dicho o sin haber hecho las obras fieles que debió haber hecho. Alguien que gastó su vida más enfocado en lo urgente y temporal en vez de lo esencial y eterno.

Nunca podemos saber qué nos depara el mañana. Pensamos que sabemos qué esperar. Creemos que podemos controlar nuestros itinerarios, nuestros planes, nuestras entradas y salidas, tanto hoy como en los años venideros. Pero nuestras vidas no están dentro de nuestro poder para controlar; tampoco sabemos cuánto tiempo tendremos aquí: «Enséñanos a entender la brevedad de la vida, para que crezcamos en sabiduría» (Salmo 90:12 NTV).

Ahora que estamos por concluir nuestra travesía con Elías y Eliseo en estas páginas, parece apropiado enfocarnos en aprovechar a lo máximo lo que se nos ha dado durante nuestro tiempo en la tierra, para maximizar nuestros mantos a través del poder del Espíritu Santo para perseverar. Este enfoque nos ayuda a mantener nuestros ojos puestos en el premio y asegura que crearemos un legado eterno digno de Aquel a quien servimos.

Tantas personas pierden su ímpetu y se distraen de lo que es verdaderamente importante. Muchos saben que pasan demasiado tiempo en el trabajo o en la búsqueda del placer, pero postergan alinear su comportamiento con sus prioridades hasta que ya es demasiado tarde. Saben que necesitan pedir perdón por cómo han herido a otros en sus vidas, a menudo las personas a quienes más aman. Y también están conscientes de que necesitan perdonar a quienes los han herido a ellos.

Pero conocer la verdad del asunto y actuar en base a lo que sabemos son crucialmente, y a menudo cruelmente, diferentes: «Ustedes no saben cómo será su vida mañana. Solo son un vapor que aparece por un poco de tiempo y luego se desvanece» (Santiago 4:14 NBLA).

Probablemente no existe mayor remordimiento que dejar las cosas hechas a medias en vez de dejar a otros una doble porción.

Cuando más grande no significa mejor

Cuando consideras el tema de la herencia, es tentador pensar en términos concretos y suponerse que más es mejor. Muchas personas acumulan riquezas pero rara vez las disfrutan ellos mismos, porque en su lugar están enfocados en dejar sus posesiones preciosas, su gran cantidad de inversiones y cuentas bancarias multimillonarias o más a futuras generaciones. Se esfuerzan pero nunca disfrutan del fruto de sus labores y mucho menos invierten en un legado eterno. Aun los que cuentan con menos medios hacen planes para el futuro para que les puedan hacer la vida más fácil a las generaciones venideras... al menos eso creen.

Pero heredar dinero y recursos no necesariamente hace que la vida sea más fácil. De acuerdo con la Palabra de Dios, a veces entre más tienes, más quieres:

Los que quieren enriquecerse caen en la tentación y se vuelven esclavos de sus muchos deseos. Estos afanes insensatos y dañinos hunden a la gente en la ruina y en la destrucción. Porque el amor al dinero es la raíz de toda clase de males. Por codiciarlo, algunos se han desviado de la fe y se han causado muchísimos sinsabores.

1 Timoteo 6:9-10

Cuando alguien se muere sin dejar un testamento, e incluso a veces cuando sí han dejado un testamento, la batalla legal sobre los bienes y el patrimonio que la persona dejó puede ser feroz y complicado entre los herederos. El prospecto de heredar dinero motiva a muchas personas a decir y hacer cosas para su propio beneficio sin tomar en cuenta a nadie más. Y el tamaño de la propiedad o la cantidad de la herencia no tiene que ser mucha para que las familias peleen por ella. He sido testigo de muchas familias que se han destrozado a causa de quién se quedó con la vitrina de la abuela o la colección de monedas del papá. Recuerdo que una familia se dividió ¡porque todos se querían quedar con la Santa Biblia de su mamá!

Durante su tiempo en la tierra, Jesús se encontró con una situación en la que se le pidió que interviniera en una situación de otorgar una herencia:

Uno de entre la multitud le pidió: —Maestro, dile a mi hermano que comparta la herencia conmigo.

—Hombre —replicó Jesús—, ¿quién me nombró a mí juez o árbitro entre ustedes?

»¡Tengan cuidado! —advirtió a la gente—. Absténganse de toda avaricia; la vida de una persona no depende de la abundancia de sus bienes».

Entonces les contó esta parábola: —El terreno de un hombre rico le produjo una buena cosecha. Así que se puso a pensar: «¿Qué voy a hacer? No tengo dónde almacenar mi cosecha». Por fin dijo: «Ya sé lo que voy a hacer: derribaré mis graneros y construiré otros más grandes, donde pueda almacenar todo mi grano y mis bienes. Y diré: Alma mía, ya tienes bastantes cosas buenas guardadas para muchos años. Descansa, come, bebe y goza de la vida». Pero Dios le dijo: «¡Necio! Esta misma noche te van a reclamar la vida. ¿Y quién se quedará con lo que has acumulado?».

»Así le sucede al que acumula riquezas para sí mismo, en vez de ser rico delante de Dios».

Lucas 12:13-21

Permíteme decirte, pienso en esa parábola casi cada vez que paso por un depósito de almacenamiento. En nuestro país, muchos de nosotros tenemos más que suficiente, y aun así rentamos cavernas de concreto con la temperatura regulada donde podemos almacenar las cosas para las cuales no tenemos espacio en nuestra casa, incluyendo muebles, adornos, chucherías y los supuestos tesoros que heredamos de nuestros padres y abuelos. Jesús lo hizo totalmente claro en Su respuesta aquí que más grande no es mejor cuando se trata de posesiones materiales y riquezas. También proveyó la razón para esta verdad: «Porque donde está vuestro tesoro, allí estará también vuestro corazón» (Lucas 12:34 RVR1960).

Esta parábola nos recuerda a enfocarnos en crear un legado que trascenderá cualquier cosa aquí en la tierra «donde la polilla y el orín corrompen, y donde ladrones minan y hurtan» (Mateo 6:19). En su lugar, debemos usar nuestro tiempo, tesoro y talento para hacer «tesoros en el cielo, donde ni la polilla ni el orín corrompen, y donde ladrones no minan ni hurtan» (Mateo 6:20 RVR1960).

Si quieres que tu vida cuente para la eternidad, entonces la clase de heredad que más valoras debe también ser la clase que dejas aquí. La misma clase que Eliseo le pidió a Elías.

Doble problema

Después de cruzar el Río Jordán, gracias al poder de Dios enfocado en el manto milagroso de Elías, era hora de decir adiós. Ellos ya habían viajado a Gilgal, Betel y Jericó, cada parada un lugar conmemorativo de adoración y maravilla por lo que representaba en tanto su historia personal como nacional. Allí, al otro lado del Jordán, no solo quería dejar Elías a su discípulo un legado, sino que aparentemente también quería cumplir con las expectativas de Eliseo en cuanto a qué podría ser ese legado.

«Dime qué puedo hacer por ti antes de ser llevado», le preguntó. No tenemos idea de cuánto tiempo pasó entre su pregunta y la respuesta de Eliseo: «Te pido que me permitas heredar una doble porción de tu espíritu y que llegue a ser tu sucesor» (2 Reyes 2:9 NTV). Si esta respuesta fue algo que él había ponderado cuidadosamente muchas veces o fue una conciencia inmediata en ese momento, no se nos dice.

Sea cual haya sido, la respuesta tan audaz de Eliseo no es una que muchos herederos pronuncian a sus benefactores. No meramente pidió una herencia. No meramente pidió una bendición espiritual. Eliseo quería una doble porción del espíritu, el poder, la autoridad y la unción que había presenciado en Elías. El heredero del la posición de profeta de Dios se atrevió a pedir todo lo que él sabía que su mentor poseía: ¡multiplicado por dos!

Es que el poder para perseverar no es para los que están satisfechos con una porción estándar normal. Este manto es para aquellos que no se conformarán con nada menos de lo doble, triple y más: ¡acceso directo al poder infinito e ilimitado del Dios vivo! Entre más fuerte tu fe, más poder espiritual puedes facilitar como un conducto a la gracia, las bendiciones y los milagros de Dios. El hecho de que Eliseo pidiera una doble porción indica que él no solo creía que era posible, sino que también la podía administrar adecuadamente.

Y de hecho, su maestro reconoció la enormidad de la petición: «Has pedido algo difícil —respondió Elías—. Si me ves en el momento en que sea llevado de tu lado, recibirás lo que pediste; pero si no me ves, no lo recibirás» (2 Reyes 2:10 NTV). Al dar su respuesta, Elías parece estar consciente de dos verdades. Primero, no importaba lo dispuesto que él estuviera para bendecir a Eliseo de esta manera, ultimadamente dependía del Señor. De todas maneras, en su sabiduría, Elías le proporcionó a Eliseo con una señal de confirmación.

Además, Elías acababa de pasar por unos de los capítulos más difíciles de su vida. Si esa era su «porción individual», la cual le había sido desafiante perdurar, entonces, ¿estaba de verdad listo Eliseo para el doble? Casi le puedo oír decir: «¿Lo dices en serio, hijo? Estás enterado del tiempo tan difícil que pasé llevando una porción individual, ¿y ahora estás diciendo que quieres el doble de lo que yo he estado llevando? ¿El doble de dolor por la rebelión e idolatría de Israel? ¿El doble de calamidades por sequías, fuego santo, y tormentas de lluvia? ¿El doble de peligro a las manos de líderes malvados como Acab y Jezabel?».

Probablemente Eliseo sabía que estaba pidiendo el doble de problemas.

¡Pero también sabía que estaba pidiendo el doble de la presencia divina del Espíritu de Dios!

Captura lo grande

Ahora, si yo hubiera estado en las sandalias de cualquiera de los dos, de Elías o Eliseo, hubiera tenido muchos deseos de discutir esta herencia espiritual inminente. Si fuera Elías, querría dar la mayor cantidad de consejos, recomendaciones y palabras finales de bendición posibles. Si fuera Eliseo, yo estaría lleno de preguntas acerca de cómo experimentar a Dios, escuchar a Su Espíritu, y seguir al Señor a través de las pruebas y las tempestades.

Posiblemente tuvieron esa conversación así, porque la Palabra nos dice que siguieron «caminando y conversando» (2 Reyes 2:11), pero no nos dan los detalles. Lo que sí nos dicen, sin embargo, es que la transportación de Elías para su transformación por fin había llegado:

> Iban caminando y conversando cuando, de pronto, los separó un carro de fuego con caballos de fuego, y Elías subió al cielo en medio de un torbellino. Eliseo, viendo lo que pasaba, se puso a gritar: «¡Padre mío, padre mío, carro y fuerza conductora de Israel!» Pero no volvió a verlo.
>
> Entonces agarró su ropa y la rasgó en dos. Luego recogió el manto que se le había caído a Elías y, regresando a la orilla del Jordán, golpeó el agua con el manto y exclamó: «¿Dónde está el Señor, el Dios de Elías?» En cuanto golpeó el agua, el río se partió en dos, y Eliseo cruzó.
>
> 2 Reyes 2:11-14

¡Esa sí que fue una salida dramática! Aparte de la ascensión de nuestro Salvador, Jesús, no puedo pensar de una descripción más increíble en las Escrituras de alguien pasando de la tierra al cielo. Según mi conocimiento, solo hay una revelación más en la Biblia acerca de un suceso similar de un mortal que es llevado a la presencia de Dios sin la muerte de su cuerpo: «Y como [Enoc] anduvo fielmente con Dios, un día desapareció porque Dios se lo llevó» (Génesis 5:24). Aunque Enoc, quien contaba con 365 años cuando sucedió, pudo haber disfrutado de un transporte asombroso, dudo que haya sido más asombroso que el carro de fuego con caballos de fuego que llevó a Elías en medio de un torbellino desde la orilla del río del Jordán hasta la puerta del cielo.

Como testigo que presenció esta escena, Eliseo tuvo una respuesta que también fue dramática. Ver a su amado mentor, a quien se dirigía como «mi padre» partir para estar con Dios debió ser agridulce. Sin duda, sintió gozo en el conocimiento de que su patriarca profético pasaría la eternidad con el Señor. Y como Eliseo de hecho sí pudo ver la partida de Elías, significaba que su herencia de una doble porción le había sido concedido.

Pero estos dos regalos contenían otra verdad dolorosa. A pesar de saber que Elías estaba en el cielo, Eliseo iba a echar de menos la presencia de su querido amigo aquí en la tierra. Seguía siendo una pérdida que él indudablemente iba a que lamentar. Y a pesar de recibir su petición por una doble porción espiritual, Eliseo enfrentaba la incertidumbre de un futuro desconocido. Simplemente porque confiaba en Dios incondicionalmente no significaba que Eliseo no sentiría algo de aprehensión por el resto de su vida.

En esta separación de los profetas, toma nota también de que Elías soltó su manto. Algunas personas se enamoran tanto de lo que tienen que se olvidan de Quién los tiene. ¡Quién te tiene es mucho más importante que lo que tienes! Algunos creyentes hacen ídolos de sus títulos, posiciones o autoridad, y usan sus mantos para elevarse en vez de servir a otros. Algunos —posiblemente en particular los que tienen plataformas, sea que sirvan como pastores, ministros, maestros de la Biblia, evangelistas, profetas, líderes de adoración, miembros vitales del personal— se aferran más a sus posiciones que a Aquel que les dio las posiciones en primer lugar.

Nunca te olvides de que el Dios del manto es mucho más importante que el manto de Dios. A veces tienes que soltar lo que amas a fin de llegar al próximo nivel. Puede ser frustrante, aterrador, y hasta angustioso dejar el gozo de servir al Señor en una capacidad por el papel desconocido que has sido llamado a llenar. Pero a veces tienes que soltar un manto para acercarte más al Creador de mantos. A veces necesitamos humillarnos y recordar que debemos depender de Dios en todo lo que hacemos.

En otras ocasiones, simplemente tenemos que soltar lo bueno para poder captar grande.

Un manto mejor

Después de que su maestro partiera en el torbellino, Eliseo expresó su angustia de una manera típica de su cultura, rasgando su ropa en dos. Luego toma nota de lo siguiente que hizo: «Entonces Eliseo tomó el manto de Elías, el cual se había caído cuando fue llevado, y regresó a la orilla del río Jordán» (2 Reyes 2:13 NTV). Su transición profética no podía ser más claro a medida que rasgó su propio manto y luego tomó el manto de su precursor. Al dejar atrás su manto para que Eliseo lo tomara, Elías le pasó la «antorcha» en una última gestión de bendición. El hombre más joven ahora había heredado, tanto literal como simbólicamente, el manto de su mentor.

El poder ahora le pertenecía a Eliseo, junto con la responsabilidad, gracias a esta promoción. Piensa, por ejemplo, cómo cada nueva generación del teléfono inteligente supera a la versión previa, ofreciendo más capacidad, más tecnología innovadora y nuevas características y funciones divertidas. Los fabricantes de estos teléfonos quieren que abandones tu versión actual para que consigas la más reciente y mejor. Con el Manto 2.0 que Eliseo recibió, su petición por una mejoría de doble porción se había cumplido.

Regresando a la orilla del río Jordán donde ambos se habían parado solo un corto tiempo antes, Eliseo no perdió tiempo antes de buscar la presencia de Dios. Eliseo hizo lo que había visto a Elías hacer y golpeó el agua con el manto heredado, preguntando: «¿Dónde está el SEÑOR, Dios de Elías?» (2 Reyes 2:14). ¿Recuerdas cómo Elías le había enseñado a Eliseo por medio de su ejemplo en vez de meramente decirle qué hacer? Vemos en ese momento que sus esfuerzos produjeron fruto.

También toma nota que en el proceso, Eliseo no preguntó: «¿Dónde está Elías?», sino «¿Dónde está el Señor?». Aunque probablemente él ya echaba de menos a su maestro, Eliseo sabía dónde estaba Elías —en el cielo— y sabía que ya no necesitaba ayuda para responder al llamado de Dios sobre su vida. En su lugar, Eliseo estaba muy consciente de que necesitaba conectarse inmediatamente con la Fuente de poder de su precursor, el Dios de Elías. El Señor respondió a la pregunta de Eliseo milagrosamente al demostrar el mismo resultado que Elías había recibido anteriormente: el río se dividió en dos y Eliseo cruzó (ver 2 Reyes 2:14).

Me pregunto si Eliseo estaba pensando: *Si lo hizo por él, ¡lo hará por mí!* Posiblemente apenas podía esperar ver si el manto que había heredado en realidad era todo lo que se suponía que era. Y es interesante para nosotros considerar qué era lo que posiblemente temía más... que de hecho recibiría lo que había pedido, o que tendría que tratar con la desilusión de que su incremento profético todavía no había sucedido.

A veces cuando Dios nos da lo que pedimos, ¡parecemos estar tan sorprendidos como los demás! Algunas personas, sospecho, nunca reciben el próximo manto de promoción porque no lo piden. La desilusión de pedir y no recibir eclipsa su deseo por más. Así que se conforman con el manto que tienen en vez de arriesgarse a pedir la doble porción que Dios les quiere dar.

Una vez más, tenemos que estar dispuestos a dejar atrás un manto a fin de recibir el próximo. Como Jesús les explicó a sus seguidores, la comunicación con nuestro Padre celestial y fe en Su bondad son claves:

> «Pidan, y se les dará; busquen, y encontrarán; llamen, y se les abrirá. Porque todo el que pide, recibe; el que busca, encuentra; y al que llama, se le abre.
>
> »Quién de ustedes, si su hijo le pide pan, le da una piedra? ¿O si le pide un pescado, le da una serpiente? Pues si ustedes, aun siendo malos, saben dar cosas buenas a sus hijos, ¡cuánto más su Padre que está en el cielo dará cosas buenas a los que le pidan! Así que en todo traten ustedes a los demás tal y como quieren que ellos los traten a ustedes. De hecho, esto es la ley y los profetas».
>
> Mateo 7:7-12

Considera Su punto final aquí: la correlación entre recibir lo que pedimos de un Padre bueno y amoroso y tratar a otras personas como nosotros anhelamos ser tratados. En otras palabras, nuestras motivaciones al hacer ciertas peticiones importan. Si estamos pidiendo solo lo que es bueno para nosotros, entonces estamos perdiendo la oportunidad de ser un conducto de bendición para otros. Cuando estamos enfocados solo en nuestra propia ganancia, entonces, irónicamente, perdemos nuestra doble porción. Cuando nos volvemos impacientes y tratamos de coser nuestro propio manto en vez de esperar los tiempos propicios de Dios para el próximo manto que Él tiene para nosotros, entonces no debemos preguntarnos por qué al manto que nosotros mismos fabricamos le falta poder espiritual.

Toma nota, también, que Jesús dijo que *en todo*, haz a otros lo que quisieras que te hagan a ti. Jesús no dijo que practicáramos esto ocasionalmente o de vez en cuando o cuando te encuentres en un problema o cuando no tengas a quién más acudir. No dijo que trates a otros como tú quieres ser tratado cuando sea conveniente o cómodo, políticamente correcto u oportuno.

No. ¡Dijo que *en todo* debemos reflejar esta Regla de Oro!

¿Cómo podemos esperar que Dios nos dé todo lo que le pedimos, especialmente Su poder, si es nuestra intención usarlo para nosotros y no para Su Reino? ¿Para nuestra comodidad y no las necesidades de otros? ¿Para nuestra propia elevación y no la elevación de la cruz?

En palabras simples, no podemos. Si queremos reclamar la herencia que tenemos en Cristo para que podamos dejar a otros con una porción todavía mayor, entonces tenemos que practicar más que predicar.

Tenemos que caminar más que hablar.

Tenemos que mostrar más que contar.

Tenemos que actuar más que desear.

Tenemos que mover más que quedarnos parados.

Debemos tener la clase de fe que proporciona el poder para perseverar.

Tu clase de fe

Así como Eliseo aprendió cómo depender de Dios de Elías, tenemos que formar una herencia que les muestre a otros cómo continuar con nuestro legado espiritual. En otras palabras, algún día las personas que vendrán después de ti mirarán hacia atrás y creerán que si funcionó para ti, entonces también funcionará para ellos. Dios te ha confiado Sus riquezas en Cristo para que puedas compartir Su amor, reflejar Su gracia, revelar Su misericordia y darles a otros lo que Él te ha dado a ti. Este es el legado que hemos recibido y algún día dejaremos atrás:

«Para que justificados por Su gracia fuéramos hechos herederos según la esperanza de la vida eterna» (Tito 3:7 NBLA).

Pero también sabemos que Dios espera que inviertas el legado que recibiste para que aumente. Como los siervos en la parábola que Jesús contó acerca del amo que les confió sus riquezas, no debes enterrar tus talentos en la tierra. Nunca debes permitir que el temor te guíe, sino la fe audaz del Espíritu de Dios dentro de ti. Su poder en ti te permite dejar a un lado tu comodidad y seguridad personal con el fin de sacrificar y servir. La Palabra de Dios nos dice:

> En Él hemos obtenido herencia, habiendo sido predestinados según el propósito de Aquel que obra todas las cosas conforme al consejo de Su voluntad, a fin de que nosotros, que fuimos los primeros en esperar en Cristo, seamos para alabanza de Su gloria.
>
> Efesios 1:11-12 NBLA

El legado espiritual que heredaste se tiene que invertir para que aquellos que te siguen puedan experimentar una porción aun mayor —sí, una porción— del poder de Dios desbordando en sus vidas. Tienes que enfocarte en el panorama general, la perspectiva eterna, en vez de solo tu vida o incluso las de la próxima generación. Quieres mirar hacia adelante y pensar en el impacto que puedes tener en todas las generaciones que vienen después de ti para asegurarte del impacto máximo: «El hombre bueno deja herencia a los hijos de sus hijos», dice la Biblia, «Pero la riqueza del pecador está reservada para el justo» (Proverbios 13:22 NBLA). Si no usamos nuestros mantos para los propósitos de Dios, entonces los perderemos ¡para que otros puedan!

Para nosotros hoy, nuestros mantos están hechos de madera: la cruz de Cristo. Jesús lo dijo claramente: «Si alguno de ustedes quiere ser mi seguidor, tiene que abandonar su propia manera de vivir, tomar su cruz cada día y seguirme» (Lucas 9:23 NTV). Este es el camino hacia las riquezas espirituales y los tesoros eternos en el cielo, pero también es la fuente de poder para nuestras necesidades y provisiones ahora. Cuando soltamos los mantos que creemos que nos elevan y definen, descubrimos una fe más profunda, fuerte y rica.

Esta es la clase de fe requerida para dividir ríos y clamar para que caiga fuego del cielo. Esta es la clase de fe necesaria para dejar una doble porción de poder espiritual para generaciones futuras. Esta es la clase de fe que abre un camino ahora para que los otros que siguen puedan ver cómo se hace. Esta es la clase de fe que celebra el Gilgal de la llegada, conmemora el sueño dado en Betel, derriba a gritos los muros de Jericó, ¡y divide el Jordán con poder para que podamos caminar y entrar a lo que Dios ya ha provisto para nosotros!

Esta es la clase de fe con un solo enfoque, amante de la Trinidad, en porción doble, que usa el poder de Dios para convertir muros en puentes. La clase que hace claro que nada volverá a ser igual.

Es la clase que declara:

La adicción muere en mi generación.

El alcoholismo muere en mi generación.

El adulterio muere en mi generación.

La promiscuidad sexual muere en mi generación.

El odio muere en mi generación.

La pobreza muere en mi generación.

El diabetes, cáncer y las enfermedades del corazón mueren en mi generación.

El suicidio muere en mi generación.

El divorcio muere en mi generación.

La depresión, la ansiedad y el temor mueren en mi generación.

Goliat caerá en mi generación.

Dalila será detenida en mi generación.

Y la gloria no será robada de mi generación.

Esto termina aquí mismo y ahora mismo, ¡en el nombre de Jesús!

Esta clase de fe forma una herencia que moverá montañas ahora y partirá los mares después. La clase que otros recordarán como una fuente de fortaleza, inspiración y motivación: «Que cada generación cuente a sus hijos de tus poderosos actos y que proclame tu poder» (Salmo 145:4 NTV). Esta clase de poder amante de Jesús escucha los sonidos que claman dentro de los muros de nuestro mundo quebrantado hoy.

El sonido de la desesperación.

El sonido de una nación desgarrada por el diablo de la discordia.

El sonido de las personas desesperadas por sus heridas que necesitan sanidad.

Pero los que tienen una doble porción de poder espiritual también oirán a esos muros caer.

Oyen el sonido de sus gritos transformar muros en puentes.

Oyen el sonido de las personas de color negro, blanco, café y amarillo uniéndose.

Oyen el sonido de pastores, adoradores, intercesores y guerreros de oración uniéndose.

El sonido de una sola Iglesia terminando con el Goliat de odio con la piedra del amor.

El sonido de una sola Iglesia confrontando al Herodes de la intolerancia con la espada del Espíritu.

El sonido de una sola Iglesia diciéndoles a los faraones del siglo 21: «¡Libera a mi pueblo para que puedan ira a adorar!».

El sonido de una sola iglesia que recordará a toda la humanidad que nuestras manos fueron hechas para crear, nuestras bocas fueron creadas para hablar la verdad con amor, nuestros corazones fueron creados para perdonar y nuestras rodillas fueron hechas para la oración.

El sonido de una sola Iglesia que no será controlada por la política, sino que adorará solo al Cordero que es el León de la tribu de Judá.

El sonido de una sola iglesia que se ha unido que no diluirá el Evangelio, hablará la verdad en amor, predicará la Palabra dentro y fuera de tiempo, cumplirá la Gran Comisión, hará discípulos, capacitará a los santos, adorará a Dios en espíritu y en verdad, llevará las Buenas Nuevas a los pobres, libertad a los cautivos, sanidad a los quebrantados de corazón y declarará que este es el año del favor del Señor. Una sola Iglesia con todos los miembros buscando justicia, amando misericordia y caminando humildemente delante del Señor.

¡El sonido de una iglesia santa, sana, saludable, feliz, humilde hambrienta y honrosa que glorifica al Padre, exalta a Cristo, tiene el poder del Espíritu, mueve montañas, reprende al diablo, ata a los demonios, cambia atmósferas, y cambia al mundo!

El sonido de tu propia voz reclamando la doble porción que heredaste a través de la sangre de Jesucristo en la cruz. El sonido de tu propia voz reclamando la herencia espiritual que derriba cada barrera y vence a cada enemigo.

¿Puedes oír tu voz? Te desafío a abrir tu boca y declarar:

Mi corazón está sanado.

Mi mente es sana.

MI alma es bendecida.

Mi familia es escogida.

Mi cuerpo es sano.

Mi futuro es fantástico.

Mis palabras son ungidas.

Mi caminar es recto.

Mi alabanza es peligrosa.

Mi destino es imparable.

Mi vida es Emanuel.

¡Mi todo es Cristo!

Tuyo por derecho

Si quieres experimentar el poder para perseverar en tu vida, entonces es tiempo de pasar de tu arado a tu manto y de tu manto a tu doble porción.

Es hora de vivir como un coheredero con Cristo en lugar de un pariente lejano avergonzado de aparecer en la Casa de Dios.

Es hora de dejar de intentarlo por tu cuenta y empezar a morir al yo.

Es hora de buscar el poder de Dios y ejercer tu manto.

Es hora de sobrevivir la sequía, vencer a los ídolos, clamar para que baje el fuego, empaparse en la lluvia, sujetarse y correr la carrera de la fe, mantener tus ojos puestos en el premio y vivir en la abundancia de tu doble porción.

Es hora de empezar a vivir en la plenitud del poder del Espíritu de Dios que habita en ti. Junto con el apóstol Pablo, podemos declarar:

> El Espíritu mismo le asegura a nuestro espíritu que somos hijos de Dios. Y, si somos hijos, somos herederos; herederos de Dios y coherederos con Cristo, pues, si ahora sufrimos con él, también tendremos parte con él en su gloria. De hecho,

considero que en nada se comparan los sufrimientos actuales con la gloria que habrá de revelarse en nosotros.

Romanos 8:16-18

Tu doble porción divina significa que experimentas satisfacción ahora y la plenitud después. Su herencia espiritual significa que tu deuda con el pecado ha sido pagada. Tu sufrimiento significa que compartes en la gloria de Cristo.

Es hora de reclamar lo que es tuyo por derecho y entregar lo que ya no te concierne.

No reclames la titularidad de la maldición.
Reclama la titularidad de las bendiciones.

No reclames la titularidad del problema.
Reclama la titularidad de las promesas.

Si no es santo, no lo quieres.
Si no es bendecido, no lo necesitas.
Si no le va a dar a Dios toda la gloria, no debes desear ni una parte de ello.

En lugar de ello, vive en la plenitud de la fe, la comunión y la amistad al reclamar lo que es tuyo en Cristo:

Lo que es tuyo es la justicia (ver 2 Corintios 5:21).

Lo que es tuyo es la paz (ver Filipenses 1:2).

Lo que es tuyo es el gozo (ver Juan 15:11).

Lo que es tuyo es la vida eterna (ver Juan 3:16).

Lo que es tuyo es nueva vida (ver 2 Corintios 5:17).

Lo que es tuyo es vida abundante (ver Juan 10:10).

Lo que es tuyo es un destino que no se puede parar, un sueño que no se puede apagar, y una designación que no se puede deshacer.

Has sido salvo por la gracia.

¡Tienes el poder para perseverar!

Empuja tu arado, conoce tu manto

Al llegar a su fin nuestra travesía con Elías y Eliseo, usa las siguientes preguntas para ayudarte a repasar y reflexionar en los pensamientos y sentimientos que has experimentado mientras que has leído este libro. Piensa acerca de dónde estabas espiritualmente cuando comenzaste y el progreso que has logrado desde entonces. Finamente, pasa tiempo a solas con Dios en oración, pidiéndole el poder para perseverar mientras que le sirves a Él y a otros con tu manto actual de promoción. Dale gracias y alabanza al avanzar en todo el poder del Espíritu Santo, confiado en que Aquel que comenzó la buena obra en ti es fiel para completarla.

1. Qué idea, tema o verdad espiritual sobresale para ti en este libro? ¿Cómo emerge este tema en las vidas de Elías y Eliseo? Considera qué incidente en su travesía juntos tiene el mayor impacto en ti o sobresale más.

2. ¿Cuándo te ha guiado Dios a renunciar un manto a fin de tomar tu próximo manto de promoción? ¿Cuáles son tres palabras que usarías para describir este proceso de transición o temporada de cambio? ¿Por qué?

3. Al considerar tu legado espiritual, ¿qué necesita cambiar en tu vida para que puedas invertir más tiempo, atención y recursos en la herencia eterna que quieres dejar para futuras generaciones? ¿Qué será la «doble porción» para los que vienen después de ti?

Querido Dios del Manto, me has traído tan lejos en mi travesía de fe. Gracias, Señor, por la forma en que siempre me sostienes con Tu poder, y guíame a través de cada prueba y triunfo que tenga, sea que estoy empujando mi arado o que esté vestido de mi manto. Al buscar servirte con la fidelidad de Elías y Eliseo, pido que Tu voluntad sea hecha en mi vida. Quiero honrar y glorificarte solo a Ti y no a mí mismo. Confiaré en Ti y en Tus tiempos mientras busco la doble porción que tienes para mí: más de Tu poder, Tu provisión, Tu gozo, Tu paz y Tu propósito. Estoy tan agradecido por todo lo que me has enseñado y mostrado por medio de estas páginas. Amén.

Samuel Rodriguez es presidente de la Conferencia Nacional de Liderazgo Cristiano Hispano (NHCLC), la mayor organización de cristianos hispanos del mundo con más de 42,000 iglesias estadounidenses y muchas más iglesias por toda la diáspora de habla hispana.

El pastor Rodriguez ha sido reconocido por CNN, Fox News, Univisión y Telemundo como el líder religioso latino/hispano de mayor influencia en Norteamérica. La revista *Charisma* lo nombró uno de los cuarenta líderes que cambiaron el mundo. El *Wall Street Journal* lo nombró uno de los doce líderes latinos más importantes, y fue el único líder religioso en esa lista. Ha sido nombrado entre los «100 líderes cristianos principales de los Estados Unidos» (*Newsmax* 2018) y nominado como una de las «100 personas más influyentes del mundo» (*Time* 2013). Rodriguez a menudo figura en CNN, Fox News, Univisión, PBS, *Christianity Today*, *The New York Times*, *The Wall Street Journal* y muchos otros.

Rodriguez fue el primer latino en pronunciar el discurso principal en el Servicio Conmemorativo anual de Martin Luther King Jr. en Ebenezer Baptist Church y ha recibido el Premio de Liderazgo Martin Luther King Jr. presentado por el «Congress of Racial Equality» (Congreso de la Igualdad Racial).

El reverendo Rodriguez asesoró a los expresidentes estadounidenses Bush, Obama y Trump, y con frecuencia asesora al Congreso para promover reformas a la inmigración y la justicia penal, así como la libertad religiosa y las iniciativas pro-vida. Por la gracia de Dios, el reverendo Samuel Rodriguez es una de las pocas personas que ha participado en las ceremonias de inauguración de dos presidentes que representan a ambos partidos políticos.

En enero de 2009, el pastor Sam leyó una porción del Evangelio de Lucas para el servicio inaugural matutino del señor Obama en St. John's Episcopal Church. El 20 de enero de 2017, en la inauguración del señor Trump, con más de mil millones de personas observando de todo el mundo, el pastor Sam se convirtió en el primer evangélico latino en participar en una ceremonia inaugural presidencial de los Estados Unidos, leyendo de Mateo 5 y concluyendo con «¡En el nombre de Jesús!» En abril de 2020, el reverendo Rodriguez fue nombrado miembro de la Comisión Nacional de Recuperación del Coronavirus para ofrecer experiencia y conocimientos especializados en la mitigación de crisis y la recuperación para ayudar a los líderes nacionales, estatales y locales a guiar a los Estados Unidos a través de la pandemia de COVID-19.

Rodriguez es productor ejecutivo de dos películas: *Breakthrough* («*Un amor inquebrantable*»), ganadora del Premio Dove de la GMA como la «Película Inspiradora del Año», y que también fue nominada al Premio de la Academia como la «Mejor Canción Original», y *Flamin' Hot*, en asociación con Franklin Entertainment y 20th Century Fox. También es cofundador de TBN Salsa, una cadena de televisión internacional cristiana, y es autor de *You're Next* («*Usted es el próximo*»), *Be Light* («*Ser luz*» número 1 en éxitos de ventas del *L.A. Times*) *Shake Free*, y *From Survive to Thrive* (número 1 en éxitos de ventas de Amazon).

Obtuvo su maestría en la Universidad de Lehigh y recibió doctorados honorarios de Northwest, William Jessup y la Universidad Bautista de las Américas.

Rodriguez es el pastor principal de la Iglesia New Season, una de las megaiglesias de más rápido crecimiento en los Estados Unidos y la número 13 en la lista de las «50 mejores» megaiglesias de los Estados Unidos, con sedes en Los Ángeles y Sacramento, California, donde reside con su esposa, Eva, y sus tres hijos.

Para más información, visita:
www.PastorSam.com
Rev. Samuel Rodriguez
@pastorsamuelrodriguez
@nhclc

La edición en inglés de
Persevera con poder
también está disponible

Printed in Great Britain
by Amazon

52015248R00136